U0499978

TANZHONGHE

Shijiaoxia Nongmujiaocuodai Nonghu
Shengchan Xingwei Yanjiu
Yi Neimenggu Tongliaoshi Wei Li

碳中和视角下农牧交错带
农户生产行为研究
——以内蒙古通辽市为例

李　洁　修长百　著

中国财经出版传媒集团

经济科学出版社
Economic Science Press

·北京·

图书在版编目（CIP）数据

碳中和视角下农牧交错带农户生产行为研究：以内蒙古通辽市为例/李洁，修长百著 . -- 北京：经济科学出版社，2024.1

ISBN 978 - 7 - 5218 - 5497 - 8

Ⅰ.①碳… Ⅱ.①李…②修… Ⅲ.①农户 - 农牧交错带 - 农业生产 - 研究 - 通辽 Ⅳ.①F327.263

中国国家版本馆 CIP 数据核字（2024）第 005852 号

责任编辑：刘　莎
责任校对：靳玉环
责任印制：邱　天

碳中和视角下农牧交错带农户生产行为研究
——以内蒙古通辽市为例

李　洁　修长百　著

经济科学出版社出版、发行　新华书店经销

社址：北京市海淀区阜成路甲 28 号　邮编：100142

总编部电话：010 - 88191217　发行部电话：010 - 88191522

网址：www. esp. com. cn

电子邮箱：esp@ esp. com. cn

天猫网店：经济科学出版社旗舰店

网址：http://jjkxcbs. tmall. com

固安华明印业有限公司印装

710×1000　16 开　14.75 印张　240000 字

2024 年 1 月第 1 版　2024 年 1 月第 1 次印刷

ISBN 978 - 7 - 5218 - 5497 - 8　定价：68.00 元

（图书出现印装问题，本社负责调换。电话：010 - 88191545）

（版权所有　侵权必究　打击盗版　举报热线：010 - 88191661

QQ：2242791300　营销中心电话：010 - 88191537

电子邮箱：dbts@ esp. com. cn）

本书的出版受到以下项目的资助：

1. 内蒙古自治区教育厅重点人文社科项目，项目编号：NJSZ22505

2. 内蒙古自然科学基金，项目编号：2022MS07021

3. 内蒙古农业大学青年教师科研能力提升专项，项目编号：BR220205

4. 内蒙古自治区高等学校人文社会科学重点研究基地开放课题，项目编号：KFSM‒NYSK0105

感谢以下机构的支持：

1. 内蒙古农村牧区发展研究所

2. 内蒙古畜牧业经济研究基地

3. 内蒙古乡村振兴智库

前言
Preface

    建立于自然循环基础上的农业产业，在全球的碳循环中扮演着重要角色。农户作为最主要的农业生产主体，其所追求的高效益、低风险的生产目标对农业生态系统的碳循环干扰严重，该问题在生态脆弱的农牧交错带尤为凸显。这样碳失衡的生产方式不但不利于全球 2050 年碳中和目标的实现，也不利于农业可持续的发展，更不利于农户长久的增产增收。随着我国"生态优先，绿色发展"理念的提出，探寻有利于农业碳中和的生产方式势在必行。而农业碳中和实现的关键在于源头的控制与治理，源头管控的关键在于生产者行为的规范，因此，开展农户生产行为的研究对于实现农业碳中和显得尤为重要。

    本书以农户生产行为作为研究对象，以微观经济学、农业经济学、行为经济学、制度经济学、计量经济学等相关经济学理论与方法为基础，以内蒙古农牧交错带作为典型调研区域，从心理主观与外界客观两个角度，对有关的农业碳中和农户生产行为展开理论分析与实证研究，旨在厘清农户生产行为的形成机理与影响因素的作用路径，并为制定促进农户实施农业碳中和生产行为的政策措施提供参考依据。主要研究内容与结论如下：

    首先，从理论角度对农户生产行为特性、生产行为形成机理与影响因素类型展开分析。通过梳理相关文献与基础理论发现，农户在生产决策过程中不但追求经济利益的最大化与投入成本的最小化，也会追求公平、互惠、利他与满意等目标，同时尽可能规避不确定条件下所带来的风险，因此农户是追求效用最大化与风险最小化的有限理性人，其生产行为是经过价值判断后才会采取的行动。借助计划行为理论模型、保护动机理论模型以及技术接受理论模型，结合农业碳中和的实现途径，利用生态环境演变的 MA 分析框架，本书构建了农业碳中和相关的农户生产行为形成机理框架，即农户生产行为的实施决定于其生产意愿，而意愿的产生则取决于两点：一点是农户对于现有行为存在威胁的认知与感知程度，另一点是农户对于将要采取的生产行为所持有的行为效果、自我能力以及主观规范的评价。因此，农户行为认知、农户行为主观评价、农户生产意愿组成了心理主观因素，受到外界客观因素影响共同对农户生产行为产生作用。

其次，依托于理论分析所构建的农户生产行为分析框架，本书从实证角度，对农户生产行为的形成机理与影响因素作用路径开展验证性与探索性的分析与探讨。利用描述性统计法，对农户行为认知水平、农户行为主观评价状况、农户生产意愿以及农户行为的采纳现状作出分析，发现农户现阶段呈现出认知水平有限、主观行为评价不够积极、生产意愿较高、行为采纳水平一般的特点。利用 SEM 结构方程模型，对自我行为评价指标间的逻辑关系以及农户生产意愿的形成机理展开研究。发现农户的行为效果评价对自我能力评价水平以及自我能力评价水平对主观规范均有积极的显著影响。农户生产意愿的形成机理与理论分析框架中的描述一致，农户的严重性与易感性认知水平，以及农户的行为效果评价、自我能力评价与主观规范对于生产意愿均有显著的积极影响，其中严重性认知影响最大。利用多元线性回归法、多元层级回归法以及 Logit – ISM 模型，探讨了外界客观因素对农户行为认知、农户行为主观评价、农户生产意愿以及行为实施的影响状况。研究发现：农户个人特征、家庭特征以及社会特征均会对上述内容产生不同的影响；农户信息获取能力、环境责任感以及生产习惯越强，意愿向行为转化效率越高；出现农资购买困难、突发性的灾害以及农户行为评价消极三种状况时，会直接导致行为与意愿的悖离；农户较高的风险厌恶特点会阻碍农户生产行为的发生。

最后，基于实证研究结论，本书结合激励理论内容构建了农户行为优化的机制与体系。实证研究的结论表明，制度的缺乏与体系的不健全是造成行为采纳水平较低的主要原因。利用规范性研究的方法，结合激励理论内容，提出了以激励与约束机制相结合、成本与收益均衡以及因地制宜为原则的生产行为优化机制，即内部激励机制、外部激励机制、内部约束机制与外部约束机制。依据机制内容构建了相应的技术支撑体系、农户成长培训体系以及制度与法律体系。

目 录 | Contents _____

1 导　　论

1.1　研　究　背　景

1.1.1　农户生产行为影响农业碳平衡

农业不但为人类的生存提供了基础性的食物与原料，也在全球碳平衡的过程中起到了举足轻重的作用。随着世界人口的不断增长，人类对于农产品的需求量不断攀升，扩大农业生产规模以及增农业产量成为必然需求，农业活动作为人类对生态系统影响最为直接的方式，由此导致农业对自然环境与资源的影响程度不断增高。作为供给方的农业生产者，其生产活动的目的是增产增收，因此生产者会选择成本低廉并且风险性小的生产方式，存在"粗放"的经营状况，出现农业化学品盲目投入、生产操作性随意以及废弃物处理污染严重等问题，由此导致农业的生态调节与碳平衡功能不断减弱，已经成为一个主要的温室气体排放产业。联合国政府间气候变化专门委员会（Inter Governmental Panel on Climate Change，IPCC）在 2007 年的报告中指出，农业生产系统所产生的温室气体已成为世界第二大排放源。联合国粮食及农业组织（Food and Agriculture Organization of the United Nations，FAO）在《牲畜的巨大阴影：环境问题与选择》中确切说明畜牧业系统所产生的温室气体排放量占到全球温室总排放量的18%，高于交通运输业。面对当前全球气候变暖形势的严峻性[1]，开展减少农业碳排放量以及增加农业碳吸收量的碳中和发展模式势在必行，而实现农业碳中和的关键在于管控农业碳源，其中规范生产者行为是最为直接且重要的。

中国的农业发展在经历了"原始农业""传统农业"之后，自20世纪70年代以来进入了"现代农业"，而现代农业的前一阶段是依赖于向农业生产系统最大限度地投入化学能与机械能，通过资源的高投入的方式换取农业的高产出，虽然在发展过程中极大地提高了农业生产效率，但是造成了土壤质量下降、水资源污染与大气资源污染等诸多环境问题，使得我国成为了世界上最大的化肥（见图1-1）与农药的生产与消费国家，化肥使用量远超于国际公认的标准上限与经济意义上的最优使用量[2]~[5]，严重制约着我国农业的可持续发展以及"三农"的和谐发展。因此结合各地区自然条件与生产水平状况，探索有利于控制生产过程中的碳排放量的增加以及提升农业碳汇水平的研究，对于我国实现农业发展有着十分重要的现实意义。而小农户作为我国主要生产群体的这一特性，将农业生产过程中的减排增汇问题研究的焦点集中于农户生产行为。

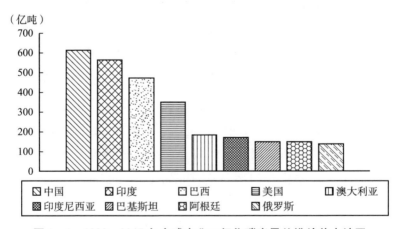

图1-1　1990~2017年全球农业二氧化碳当量总排放前十地区

注：图中数据由联合国粮食及农业组织（FAO）网站整理而来。

1.1.2　农业环境问题治理进入新时期

2019年联合国气候峰会上联合国秘书长古特雷斯表示，"当前人类与自然、人类与地球之间发生了一次严重的冲突，气候变化是我们这个时代的决定性问题"，因此全球各国各产业需要有效遏制温室气体排放的增加趋势，同时显著降低碳排放，以期在2050年实现碳中和。而农业的可持续发展是实现碳中和状态的六个重要领域之一。

中国所提出的"绿水青山就是金山银山"的现代化发展理念，阐述了经济发展与环境保护的关系，表明新型的发展模式需要逐步向绿色、循环与低碳的方向前行。党的十八大报告中明确指出："建设生态文明，是关系人民福祉、关乎民族未来的长远大计。"强调了生态文明建设的重大意义，作出"大力推进生态文明建设"的战略决策；在党的十八届三中全会中提出必须建立系统完整的生态文明制度体系，强调用制度保护生态环境；2015年习近平总书记在出席巴黎气候大会时表示，在2030年中国的碳排放强度将降至2005年的35%～40%；在党的十九大报告中，习近平总书记强调人与自然是生命共同体，人类必须尊重自然、顺应自然、保护自然。由此可见，中国对于环境保护的信心与决心。当前对于农业环境问题的重视程度越来越高，针对该领域的研究不断增多，包括农业环境治理、农业碳排放量的测度、农业低碳生产方式等，提出包括生态农业、可持续发展农业、低碳农业、碳汇农业等多种概念以期减少农业对环境产生的负向影响。习近平总书记在出席十三届全国人大二次会议内蒙古代表团时强调，内蒙古的生态状况不仅关系全区各族人民的生存与发展，更是关系到全国的生态安全，因此要将内蒙古建成我国北方重要的生态屏障，并且就保护生态环境与经济发展的关系进行了具体阐述，即两者是有机统一、相辅相成的。因此，内蒙古的各项产业发展，特别是肩负着生态与生产功能的农业产业，更加需要立足本区域的资源禀赋，体现出内蒙古的优势与特色，探索以生态优先、绿色发展为导向的高质量农业发展路线。

1.1.3 特殊的农牧交错带，需要探寻相匹配的发展模式

农牧交错带的生态系统的结构演变、物质与能量的循环转换是一个复杂的过程，对于气候变化与人为因素的干扰尤为敏感。我国的农牧交错带地区主要分为南方与北方两类，其中北方农牧交错带是其中面积最大、跨度空间最广的一个，并且属于世界四大农牧交错带之一。该区域由于气候多变、土质状况疏松、资源开发过度以及人为干扰严重等原因，导致生态功能下降，环境问题突出[6]~[8]，并且由于历史、自然与人为的原因，该区域的土地利用类型不断发生转变，农业生产方式的不断转变，各类温室气体的排放量与排放结构出现变化，并且农业碳排放强度普遍高于其他区域[9]。内蒙古农牧交错带地处我国北方，横跨东北、华北与西北地区，是我国重要的生态屏障，这一地区的年均降水量≤400mm，风沙日数较多，并且分布着众多沙地、沙漠与退化的草地，生态环境十分脆弱。同时，农田与草地交错分布的特点，使得该区域种植业与养殖业并存，是内蒙古主要的农业生产地区，也是区域经济发展的主要力量，因此不论从何种角度对农牧交错带进行界定，内蒙古农牧交错带在其中都具有很强的代表性。相关研究表明，内蒙古农业碳排放量位于全国前列，并且近些年增速明显[10]~[11]。因此，面对脆弱的生态环境现状，在发展与提升过程中如何充分、合理、高效地利用生态环境资源，更好地发挥其生态功能，值得研究。

面对全球气候变暖与农业碳排放增加的现状，在扮演着生态与生产功能兼具的农牧交错带地区，以碳中和为目标开展农业生产具有很强的现实意义，并且由于农牧交错带种植业与畜牧业共存的生产特点，不同于纯农区与纯牧区的发展模式，农业碳中和模式具有很强的可行性与适应性。虽然随着经济社会的发展，工业化与城镇化水平的提升，农业的经营规模不断扩大，但是我国的农业生产以小规模的分散经营的主体格

局仍无法改变，并且小农户仍将在长期内大量存在，因此为更好地实现农业碳中和，必须从农户行为角度出发，研究并遵循其行为特征规律，辨识农户对农业碳中和的认知、意愿，发掘影响农户认知、意愿和行为的主要影响因素，积极引导农户采用有利于农业碳中和的相关生产行为，可以为我国农牧交错带实现农业碳中和，以及为政府完善相关对策建议提供参考。

1.2　国内外研究综述

1.2.1　碳中和相关研究

以碳中和为视角的研究，呈现范围广泛并且研究内容多样的特点，归纳起来主要从三个方面开展讨论。

首先，就实现碳中和目标的计划制订与可行性评估方面的探讨，在2008年联合国环境规划署启动全球气候中和网络时，新西兰、挪威、冰岛等国宣布加入此网络，并且分别拟出实现国家碳中和的路径，此外哥本哈根、弗莱堡、温哥华等城市根据各自的发展水平，从不同的渠道设立了碳中和目标，采取了一系列的城市碳中和行动[12]。上至洲际发展下至一个污水处理厂处理技术均有具体研究案例。有学者将非洲大陆实现碳中和为目标，提出当前的仿生材料与技术对于环境改善的贡献并不明显，认为要生产与发展具有可持续性的仿生材料与技术才可以有效抑制碳排放，并且有利于碳封存的潜力[13]；也有学者将目标聚焦于澳大利亚西部一个典型矿区村庄开展研究，提出实现村庄碳中和要从村庄基础设施的设计与修改入手，就地区的能源运营方式作出调整，并且采取适当的生物质能源补偿机制，实现村庄发展的"碳中和"目标。此外，史蒂文（Steven，2018）对加州大学戴维斯分校（UCD）目标到2025年实现碳中和所提出的两种计划可行性进行评估，认为通过利用太阳能光伏与热能、生物质热电联供、生物质锅炉、热泵、电锅炉作为替代系统，从加强生物质与电气化结合的能源利用模式，以生物质能源作为主要能源基础，开展电气化发展三方面进行升级改造。上述能源替代系统就技术而言可以有效实现校内能源使用的碳中和，但是如果综合考虑经济因素，过高的改造成本加之较低的碳信用市场价值，导致该项计划的成本抵消效果并不明显，因此供需不平衡是导致碳中和目标难以实现的最大障碍。[14] 在具体的行业内的估算与测评则显示更加清晰，例如在污水处理厂的运行中，郝晓地（2013）通过估计污水热源量交换的潜在发电能力以及按目前光伏发电技术条件和参数测算污水处理厂光伏发电的潜力，分析认为，我国污水处理厂完全具有实现"碳中和"运行的可能性[15]，然而郝晓地（2014）通过建模分析认为，我国污水处理厂因较低的进水有机物负荷，实施能量（CH_4）回收后虽不易达到"碳中和"目标，但却可以弥补 50% 的能量消耗，同时间接降低了至少一半的 CO_2 排放量。[16] 在碳中和概念运用较早的航空领域，洛佩兹（López，2019）对西班牙 15 家航空公司在 2020 年实现碳中和排放的目标，设计了一个估算模型，综合考虑了航空公司航线运营能力、运营成本以及燃料价格与法规，结果表明天然气混合比例以 3% 的速度递增是可实现途径。[17]

其次，相关研究围绕碳中和实践效果的评价展开，其中，由于会议召开所产生的碳排放量涉及的内容易于统计与估算，从而方便找寻对应的中和方式，因此会议碳中和模式运用较为普遍。会议召开伴随有人员流动，在此过程中会产生能源的消耗与物品的消费，据估算一个约百人参与的小型会议产生的碳排放约 2 187.4kg。因此，通过开会各方捐资造林来增加碳汇进而抵消会议产生的碳排放，实现"会议碳中和"目标，是当今国际会议的流行做法。[18] 例如，我国湖南省为抵消在林业工作会议召开期间所产生的碳排放，组织代表捐款在韶山营造 15 亩碳中和林；2013 年的太湖文化论坛主办方通过估算，在第二届年会期间产生了 99t 的碳排放，需要在井冈山营造 1ha 碳汇林通过 5 年的时间用以吸收碳排放量，实现"碳中和"目标。[19]~[20]此外，阿诺德（Arnold，2017）对欧洲比利时的一些社区住宅区碳中和改造项目（2010～2016）进行检测与评价，该项目的测评以生态生活为目标，以能源性能计算为指导，发现正式调试与运行供暖系统在此过程中有着重要的作用。[21]雅典娜（Athena，2018）通过案例分析法，对世界上第一个获得并使用咖啡碳中性认证的组织——哥斯达黎加咖啡合作组织（Costa Rican Coffee Coope-dota）进行分析，认为该组织成功运行的原因在于两点，一点是获得了国家相关可持续发展的支持政策，另一点是组织人员拥有强大社会网络与长远的目光，这一案例对今后促进农产品碳中性认证计划的努力具有普遍意义。[22]最后，在制度规制方面，安德里亚斯（Andreas，2016）通过市场调研消费者对于气候中性物品的积极性，结果显示人们愿意为气候中性的鸡蛋和橄榄油支付高达28%和23%的额外费用，这可以成为一种短期遏制碳排放的方案。[23]刘画杰（2016）在借鉴国外碳中和经验的基础上，探索我国个人碳排放的法律规制路径，提出为实现碳中和应逐步建立包含信息披露、补贴和标准制度在内的碳中和法律制度体系。[24]

碳中和概念在农业生产与发展方面的运用，主要通过减排与增汇角度展开相关讨论[25]，例如在牲畜养殖过程中，通过饲料、畜群结构或育种的调整与管理减少反刍动物产生的温室气体排放。但是，这些方案仅可以减少现有总排放量的30%，剩余其余部分考虑通过在牧场周围和不需要种植作物的耕地上种植阔叶树，从而实现作物固碳与土壤碳库封存的效果。[26]~[27]

1.2.2　农业与"碳"相关研究

随着全球变暖现象日益加剧，各行业节能减排、努力实现碳中和工作成为国际上发展共识。农业是人类社会的"母亲产业"，其发展对于碳中和目标的实现产生重要影响。农业既是重要的碳排放源也是不可或缺的碳汇部门。根据联合国粮食与农业组织统计数据显示，农业用地释放的温室气体超过全球人为温室气体排放总量的30%，相当于每年产生150亿吨的二氧化碳；农业生态系统可以抵消掉80%因农业导致的全球温室气体排放量。据政府间气候变化专门委员会（IPCC）估算，农业对甲烷和氧化亚氮的贡献占人类活动总贡献量的50%和84%（金书秦等，2021；崔国辉，2022）。许广月（2010）在对中国低碳农业研究中同样发现，农业是碳源与碳汇的结合体。一方面，农业生产投入品使用、耕作、养殖和废弃物处理等是农业温室气体的主要来源；另一方面，农业是与自然生态系统有着天然联系的部门，具有吸收并储存二氧化碳等温室气体的能力。农业与碳的循环研究，主要从两个方面开展讨论，一方面是农业碳排放的相关问题，另一方面是农业碳吸收的相关问题。

（1）农业碳排放相关研究

随着农业的快速发展，各类化学物质的投入以及机械燃油的使用，导致农业的碳排放量与日俱增，使得农业成为重要的碳排放源。针对农业碳排放的源头确定与总量变化的研讨，最早在1997年由84个国家联合签署的《京都议定书》的附件A中就对于农业领域的碳排放源作出明确说明，指出农业碳排放源包括动物肠道发酵与粪便管理、农业土壤、水稻种植、农作物残留物的处理等多方面内容。[28]根据联合国粮农组织（FAO）所公布的最新统计数据，1990～2017年全球农业以CO_2当量为标准，农业累计碳排放主要源头依次为反刍动物肠道发酵（39.6%）、畜禽粪污管理（22.2%）、化学肥料（11.9%）、水稻种植（10.1%）、热带草原燃烧（5.8%）[29]，如图1-2所示。

由于各地生态环境、资源禀赋以及生产方式存在差异，因此诸多学者针对不同地区农业发展水平，对农业碳排放水平进行了不同的划分与测度。美国科学家珍（Jane，2007）通过测算认为，美国农业碳排放量主要来自三个方面，分别是生产过程中化石燃料的燃烧、森林砍伐、动物肠道反刍与粪便。[30]在我国，不同学者将碳排放途径进行了不同的归类，李波等（2011）认为，农业生产过程中直接与间接的碳排放来源主要有六类，分别是化肥、农药、农膜、农用机械的投入使用，以及土壤

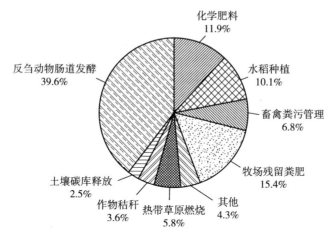

图 1 - 2　1990～2017 年全球累计农业碳排放源主要类型

注：图中数据由联合国粮食及农业组织（FAO）网站整理而来。

翻耕导致的土壤碳库破坏与灌溉过程电能消耗所产生的碳排放，并且测算我国 1993～2008 年的碳排放量呈现快速增长、缓慢增长、增速反弹回升以及增速放缓四个时期。[31] 田云（2012）则将农业碳源分归为农地利用、水稻种植、牲畜反刍活动以及粪便管理四个方面，并且将其细化为16 小类，通过测算我国 1995～2010 年总排放量发现，农业碳排放量总体呈现"上升—下降—上升"三个阶段，农业碳排放强度呈现西高东低的状况。[32] 张广胜（2014）则将农业碳排放按照排放形式归为三种，分别是种养自然源排放、能源和农用化学品引起的碳排放以及废弃物处理引起的排放，具体排放活动分为六大类 13 小类，总结发现我国 1985～2011 年碳排放总量呈现逐年递增趋势，但是排放强度在下降，其中能源与化学品使用所造成的碳排放量所占比重不断上升。[33] 田云（2017）则将我国的农业碳排放源归为三大类，分别是农业物资投入、水稻生产以及畜禽养殖过程，并且发现我国的农业碳排放量呈现逐年递增的趋势，其中增量最多的是农业物资投入。[34] 由此可知，农业碳排放渠道划分存在不同标准，但内容基本相似。

　　针对农业碳排放形式的研究，普遍认为来源于生产过程中两种温室气体 CH₄ 与 CO₂ 的排放。其中，水稻种植过程中甲烷菌在厌氧环境下，利用有机质转换生成大量的 CH₄ 气体。同样，在牲畜养殖过程中，反刍动物肠道发酵与排除的粪便均会产生大量的 CH₄ 气体。[35]另一种主要排放的形式为 CO₂ 气体，这种气体主要来源于各类农业机械的作用以及化肥等化学物质的使用等。[36]

面对农业碳排放量不断增长的趋势，学界针对影响农业碳排放的因素与减排机制展开了讨论。从间接影响因素而言，经济水平的提升会导致农用机械、化石燃料以及化肥等投入的增加，被普遍视为导致农业碳排放增加的主要原因[37]~[39]，在我国城镇化水平的提升也会促进农业碳排放量的增加。[40]但是，技术进步所导致的劳动者素质提升与生产效率的增加，对于抑制农业碳排放有一定的效果。[41]~[43]从直接影响因素而言，减少农业碳排放的渠道呈现多样化特点，主要从作物种植、土地利用与牲畜饲养等方面展开讨论。例如，在作物种植方面，研究发现通过调整施肥方式与用量以及浇灌方式等田间管理措施，可以有效减少水稻种植过程中产生的 CH₄[44]；奥乌苏（Owusu，2017）研究了整个农业生态系统与二氧化碳排放的关系，发现二氧化碳排放量，谷物产量以及生物质燃烧作物残留之间存在双向因果关系[45]；马查多（Machado，2017）通过测算发现在生产乙醇的各种原材料中，甘蔗和玉米的碳排放量最小，而甜菜则相对较多。同时，乙醇作为生物质燃料，使用此类物质从源头上可以减轻农业的碳排放，因此有必要推广种植甘蔗与玉米作为能源原料。[46]在农地利用方面，减少开垦荒地、砍伐森林、侵占草场等方式，从整个生态环境角度而言，是有效抑制农业碳排放的方式[47]~[48]。此外，针对土地的状况针对性的选种恢复土壤碳库的作物[49]，开展科学施肥与灌溉措施[50]，采用保护性耕作措施均有利于土壤碳库恢复，减少农地碳排放。[51]~[52]在牲畜饲养方面，通过调整牲畜的饲喂方式、饲料配比以及科学的处理粪便等，均可以有效减少农业碳排放。[53]~[55]

在对农业碳排放源、碳排放形式与减排渠道充分研究的基础上，为减少农业碳排放量，各国政府与组织通过政策制定的方式缓解其对环境的影响。政策制定方面，多通过经济刺激手段实现对碳排放的控制或碳减排的激励，例如征收碳税或给予减排生产活动补贴。[56]~[57]肖特尔（Shortle，1998）研究了对农业投入物、农业使用能源和农业废弃物进行征税，结果证明会控制投入物的投入量，提高农业能源利用的效率以及减少污染物的排放。[58]向平安（2006）对中国洞庭湖周边的农业生产环境展开研究发现，征收氮肥税对地区环境的发展将利大于弊。[59]马晓哲（2016）通过研究认为实施碳税政策后，针对性地将碳税收入补贴至农业碳减排过程中，其效果会比用作一般性财政收入更好。[60]虽然征税是一个应用较为广泛的手段，但是也有学者提出疑问的观点，张建（2009）通过CGE模型研究碳税对各行业的影响，对于农业产业而言，若全面实施碳税会对我国的农业总产出产生影响，因此在进行税率制定时要在具有一定经济发展水平状况下进行，所以对农业产业进行税率制定时要结合实际，深入探讨其可行性。[61]除税收以外，政策制定时仍有许多其他的经济激励手段，例如中国学者利用博弈理论分析政府、企业与农户之间为实现低碳农业，提出政府可以通过补贴、碳税返还等经济激励手段来鼓励企业开展低碳农业生产，进而企业通过开发低碳技术、改进设备条件并且分享生产经验予农户，形成一个良性循环的过程。[62]~[64]此外，提倡使用新型清洁能源，探寻循环、立体与复合式的新型农业发展模式[65]，对秸秆与粪肥等农业废弃物进行循环利用[66]~[67]，开设低碳教育与设立示范基地等方式[68]，均有利于减少农业碳排放。

（2）农业碳吸收相关研究

农业碳吸收也称为农业碳汇，相较于农业碳排放源头的多样化，农业碳吸收的途径较为单一，其最终目的是实现土壤固碳，其间需要通过植物的光合作用来发挥媒介作用。依照农业碳吸收的最终途径，就不同国家和地区间的农业碳汇水平估算、影响因素与实现途径学者们展开了丰富的讨论。

杨果（2016）测算了我国1993~2011年农业的碳汇能力，并构建农业源净碳汇与农业经济发展的耦合模型，结果发现农业源碳汇量由1993 年的 52 318.70 万 t，以年均 1.38% 的增长速度波动增长至 2011 年的 66 073.77 万 t[69]。梁青青（2018）基于全国视角通过分析我国省域数据，得出 1996~2015 年碳吸收量最大的省份为河南、其次为山东和广西，净碳汇量前三位的省份为河南、广西和山东。[70]基于不同地域视角，曹志宏（2018）对河南省的农业生态环境进行评估发现其整体呈现碳汇特征，并且碳汇能力呈现增强的趋势，其中 2015 年的碳汇量为3 235.11t，是当年能源消费的 22.53%。[71]康霞（2018）量化分析了甘肃省兰州、天水、庆阳、定西、金昌和嘉峪关及甘南藏族自治州 7 个地区的农田生态系统主要作物碳吸收、排放的动态变化，结果显示研究区域 2007~2014 年的农田生态系统碳吸收总量为 16761.18 万 t，年均增加率 3.31%。[72]许萍萍等（2018）估算了江苏省农田生态系统 2001~2016年的碳汇量，结果总体呈现增加趋势，年均复合增长率约为 2.2%，其中园艺作物的碳吸收量明显高于粮食作物和经济作物。[73]陈罗烨（2016）则以全国范围县级单元为研究对象对 1991~2011 年的农业净碳汇时空格局变化规律展开了深入分析，研究表明，我国整体的农业碳汇水平总体处于波动上升趋势，农业净碳汇净增 93.7%，并且净碳汇量地区间差距在不断缩小，造成差距的主要原因是农业生产类型存在差异。[74]

在各类影响农业碳吸收的因素中，科学有效的田间管理是提升农业碳汇水平的有效措施，例如改变耕作方式、生产方式以及土地利用方式等，但同时也会受到气候与环境的影响[75]~[79]，总体而言，实现碳汇的过程是长久且缓慢的。例如，王（Wang，2012）通过对弗吉尼亚州地区的农业生态系统研究发现，这些地区的农业生态系统已从碳源状况转化为碳汇状况，通过估算年净排量与原始净排量发现，这种变化呈现非线性，并且在温暖湿润地区可通过免耕措施在 5~19 年的时间里实现转变。[80]张海林（2009）研究指出，保护性耕作措施能增加农田土壤的固碳效果，并能够降低农田生态系统的净碳排放量。[81]娄珊宁等（2017）以中国祁连山甘肃马鹿牧场和澳大利亚塔斯玛尼亚奶牛牧场为例，用 3

种方法分析了两个牧场的碳平衡，结果表明，牧场主要的碳汇来源是草地和土壤中贮存的碳，好的草地管理可以实现畜牧业的增汇减排。[82]胡志华等（2017）对不同有机培肥模式下双季稻田的碳汇效应进行评估，证明长期施用有机肥可以显著提高双季稻田碳汇效应与经济效益。[83]

在促进实现农业碳汇途径方面的研究，主要关注于农业技术改良[84]与政策的激励。[85]~[86]丹尼尔（Daniel，2004）通过估算减少耕作活动来提升土地碳汇能力所需要的成本，认为美国需要对不同区域采取免耕与少耕行为给予经济奖励，例如旱地玉米种植区每亩补贴为10.2美元，条件较好的耕地可以减至8.3美元，在密西西比河走廊地区的经济奖励为7.9美元尚可。[87]勃姆等（Boehm et al.，2004）利用加拿大农业经济与碳排放模型（CEEMA）对四种措施的碳汇水平进行估算，认为免耕措施的固碳封存与减排效果最好，而土壤的固碳封存作用也是《联合国气候变化框架公约》（UNFCCC）减少净温室气体排放目标的措施之一。[88]在我国，退耕还林（草）工程的实施对于增加农业碳汇水平有着积极的作用，王正淑（2016）通过研究表明，自实施此工程以来林草碳汇显著增加，年碳汇增量从2 523.17Mg增加至4 562.06Mg。[89]

1.2.3　碳中和相关的农户生产行为研究

农业碳中和的实现途径是通过减少农业生产过程中的碳排放量以及增加碳汇水平来实现，农户作为农业生产的具体实施者，其相关的生产行为会对农业碳中和的实现产生影响，而当前并没有对农业碳中和相关农户生产行为展开的研究，因此也缺乏相应的概念界定、形成机理与影响因素的研究，而与之相近的农户低碳生产行为[90]、绿色生产行为[91]、生态生产行为[92]等有着较为丰富的讨论。针对上述行为的研究，主要集中于行为内涵与特点的讨论，行为形成机理与影响因素分析，行为效果评价以及行为约束与激励机制的讨论。

首先，就内涵与特点而言，虽然上述行为均体现了农户的亲环境特点，但是相关行为的概念之间存在一定的差异，其中低碳生产行为关注点在于减少农业生产过程中的碳排放，而绿色与生态生产行为的涵盖面较广，包括节约资源、资源循环利用与环境保护等行为。但上述生产行为也具有一定的相似性，其关注点在于农户与环境的生产互动过程，其目标均体现出在生产过程中尽量减少对生态环境的破坏，更加保护自然与生态资源，改善农业生态环境等[93]~[94]。在此过程中，农户的生产方式不断转变，农产品质量不断提升，实现了资源减量化、循环化、低排放等特点，人与自然和谐发展的理念得以付诸实践，并且这些行为结果不具有排他性，是典型的亲社会行为。[95]~[104]

其次，无论低碳、绿色或是生态的相关生产行为，实现途径并不是唯一且确定的，包括多样化的生产行为，例如投入物使用行为[105]~[108]、废弃物处理与资源化利用行为[109]~[111]、新型技术的采纳行为[112]~[114]等。针对上述行为开展讨论时，主要集中在三个层面：认知水平、意向与意愿以及行为实施。

（1）农户行为认知水平相关研究

认知水平的高低会对最终行为的发生产生一定的影响[124]，而认知水平也会受到农户个人特征，家庭特征以及社会特征的影响，其中个人特征中包括受访者性别、受教育程度、年龄以及是不是干部身份等因素均会对认知水平产生影响。其中针对性别的相关研究发现，男性在家庭中普遍担当着户主以及主要劳动力的身份，对于各类信息技术与政策措施的关注程度更多，因此男性相较于女性对于事物的认知更加深刻。[115]通常农户的受教育程度对于认知程度有着积极的影响，农户受教育程度越高，对新鲜事物的理解与接受能力会越高，对于环境问题的感知能力越强，同时对于生态环境严重性与重要性的认识也会越发深刻。[116]~[117]随着农户年龄的增长，其相应的生产经验不断丰富，自身实践熟练程度也不断增加，使得其对于风险的抵抗能力不断增强[118]，同时对于新型的生产技术与理念的理解与转变水平不断提升。[119]此外，农户的社会身份也会对其认知水平产生影响，有学者通过研究发现，农户若在各级政府中担任干部职务，会对认知水平的提升产生正向的影响。分析认为，此类农户对于新鲜事物较为敏感并且接触的机会较多，也拥有较多的社会资源，因此有着较普通农户为准确的认知。[120]包括家庭人口数、耕地状况、经营规模等家庭影响因素也会对农户认知水平产生影响，肖娥芳（2017）通过研究发现，家庭务农人口数、土地集中连片程度与家庭经营规模对农户认知水平分别有着负向、正向与正向的影响。[121]

另外，各类社会影响因素也会对农户的生产行为产生影响，其中奥波耶路等（Obayelu et al.，2006）研究表明，技术机构的技术推广对于提升农户的认知程度有着积极的影响。[123]罗文哲（2019）通过研究发现，政府开展的政策宣传对于农户提升认识程度有着积极影响，在所调研的农户中，接受过相关技术补贴、参加过相关技术培训以及参观过示范区的农户对于节水灌溉措施的认知程度较高。[122]此外，由于不同地域农户的生产习惯与生产资料存在差异，因此地域不同会使得农户的认知水平存在差异，侯博（2014）通过调研江苏与河南两个省份的农户认知水平数据发现，受到生产条件的限制，江苏省农户的认知状况明显高于河南省，并强调农户的认知水平虽然受到各类因素的影响，但是本质上属于一个主观知觉。[125]肖望喜（2020）研究发现，柑橘种植户所处的不同地貌会对风险认知有着不同的影响，即处于丘陵与平原的农户风险认识程度小于身处山地的农户。[118]针对农户认知水平的相关研究通常利用统计描述分析[126]，Logistic 回归分析[127]，多元线性回归分析[128]以及 SEM 结构方程分析法[129]等方法。

（2）农户生产意向与意愿相关研究

现阶段影响农户意愿主要分为两类，分别是农户心理影响因素与客观影响因素。农户心理影响因素的研究多基于各类行为理论架构，包括理性行为理论（TRA）计划行为理论（TPB）以及技术接受理论（TAM）等；客观影响因素的研究角度较多，包括农户的个人特征、家庭特征、制度特征、资源特征等。所采用的方法主要有 SEM 结构方程模型，多元线性回归，二元以及多元 Logistic 回归分析法，研究结论有相似也有相异之处。

很多学者借助计划行为理论研究框架对影响农户意愿的心理因素展开研究，石志恒（2020）利用计划行为理论（TPB）分析了影响农户的绿色生产意愿的因素，发现存在诸多的影响因素，并且影响程度由大至小分别为农户的环境价值观、经济理性、主观规范、情感态度以及知觉行为控制。[130]

谢贤鑫（2019）同样利用计划行为理论框架对农户生态耕种意愿进行了研究分析，发现理论中三个心理因素：行为态度、主观规范与知觉行为控制对意愿有着显著的影响，并且各因素的观察变量中技术推广预期、农户间与邻里间生产交流程度、政策补贴以及技术培训在不同的限定条件下影响的程度与方向存在差异。[131]吴雪莲（2016）同样认为，计划行为理论中三个主要的心理因素对农户高效喷雾技术意愿有着直接的影响，影响程度最大的是主观规范，其次是行为态度，最后是感知行为控制。并且详细探讨发现，老年群体中主观规范与知觉行为控制的影响效果更明显；小规模的种植家庭中受到行为态度的影响更加显著；对于技术补贴不认可的群体，受到行为态度的影响更加强烈。[132]殷志扬（2012）认为，计划行为理论对农户土地流转意愿展开研究有着很好的效果，并对每个因素对意愿的影响展开了详细的讨论，作者发现农户在心里判断是否参与流转土地时，会参考村子里先行实践者、家人以及一些威望较高农户的意见；并且发现如果农户对于政策的认知越深入、内容越熟悉，其知觉行为控制能力也会越强[133]。

此外，也有学者针对某一心理因素对意愿造成的影响展开研究，例如杜斌（2014）对研究猕猴桃的安全生产意愿发现，意愿除直接受到行为态度、主观规范以及知觉行为控制的影响外，也会受到农户认知水平的正向作用，即农户的安全生产认知程度越高其生产意愿越高，并且政府的安全规制、信息服务以及合作社的机制对农户的知觉行为控制有作用。[134]李世杰（2013）研究发现，农户的安全认知水平是影响农户安全用药意愿的主要因素，农户对安全生产的认知水平越高，其相应的农药安全使用意愿也会越高。[135]朱丽娟（2011）研究发现农户对节水灌溉设施相关知识的认识程度越高，采用的意愿却越低，作者给出的解释是农户的"经济人"身份，即使农户的认知程度高，但是考虑到使用设施需要投入的成本，采用的状况并不高。[136]朱启荣（2008）研究发现，农户对于秸秆焚烧对环境与交通运输危害性认知程度越高，则相应的焚烧意愿则越低。[137]此外，有学者发现对于农户技术采用意愿的研究，从感知易用性与感知有用性两个角度可以进行更加准确的分析[138]。李后建（2012）分析了农户循环技术的采纳意愿主要由两个关键的心理因素决定，分别是知觉有用性以及知觉易用性，而技术特征、结果展示以及采纳条件会通过上述两个因素对农户的意愿产生影响，并且影响显著。[139]

　　由于农户的意愿是心理描述的结果，因此其心理分析过程的各类因素对于意愿的影响较为显著，并且是主要的决定性因素，但是农户的个人特征，家庭特征、社会资本以及政策特征等客观的因素对于农户的意愿也有一定程度的影响。农户个人特征中，年龄、性别、受教育程度等因素作为关键变量引入了多个意愿分析中，张忠明（2014）通过研究发现，农户的年龄是决定兼业型农户土地流转意愿的关键性因素。[140]黄炎忠（2018）分析认为，农户的年龄越大会减少农户的绿色生产意愿。[141]喻永红（2009）研究发现，农户的年龄越大，受教育程度越高，参加过相关的技术培训的农户更加愿意采用水稻 IPM 技术。[142]李红梅（2007）研究发现，女性对安全施药意愿更高，并且文化程度越高对于农药的毒性以及不安全施药的行为认识越到位，就会在施用中越愿意采取保护措施。农户的文化程度作为衡量农户知识水平储量与学习能力的一个关键性因素，对农户的各类意愿有着显著的作用。[143]

　　农户的家庭特征中，有学者针对家庭收入状况、收入构成、家庭拥有耕地面积或实际种植面积、养殖状况以及家庭人口数等因素展开了讨论。普莱斯（Press，2014）研究发现，农户是否采取绿色生产方式的主要压力来自家庭各类因素的影响。[144]钟晓兰（2013）经过研究发现，农户家的耕地面积越大、家庭年收入越多、家庭参加养老保险这些特征会提高农户的土地流转意愿。[145]张晖（2011）对生猪养殖户参与粪便无公害处理意愿展开研究，得出养殖规模越大农户的无公害处理意愿越高，并且影响显著。[146]崔新蕾（2011）对影响农户减少农药与化肥使用量的意愿展开了研究，发现家庭人口数与农户意愿呈现负向的相关；农户拥有的土地如果越靠近城市，更倾向于减少化肥与农药的使用量。[147]朱红根（2010）通过研究农户参与农田水利建设的意愿发现，家庭劳动力人口数越多，拥有的劳动力资源以及劳动时间越多，其参与水田建设意愿越高；而家庭中兄妹数量越多，相应的社会资本量越多，拥有的资金、信息与技术量越多，会使农户的抗风险能力越强，进而对于农田水利的建设依赖越低。[148]马骥（2007）发现农户收入中种植业收入占比越低，越愿意减少农作物的氮肥施用量。[149]潘世磊等（2018）研究发现，农户的家庭网络是农户社交的主要渠道，这种渠道的拓宽可以有利于农业信息的传播以及增加农户从事绿色生产的意愿。[150]

此外，政策宣传、政府补贴以及农户拥有的社会资本量等因素对意愿也会产生影响。陈昌洪（2018）通过研究认为，农户如果参加低碳转化生产的培训，低碳产品售卖时价格能够得到保障，以及政府给予相关的支持政策对于农户开展低碳标准化生产有积极作用。[151]滕鹏（2017）发现愿意前往城镇工作，拥有较高收入的农户更愿意进行农地流转，但是对未来农村生活预期高，重视各项补贴与福利的农户的农地流转意愿低。[152]陶群山（2013）发现政府对于新技术的宣传与补贴，会对农户采纳新技术有积极的影响。[153]张兵（2009）通过研究发现，农户的社会资本量会影响农户参与灌溉管理意愿的关键因素之一，研究结果显示农户家中如果有村干部会比没有的家庭意愿更高；人情关系越密切的农户越不愿意参与灌溉管理，正是因为密切的人情关系会有更多的渠道获得帮助，自然参与的意愿会相对较低。[154]

（3）农户生产行为实施相关研究

农户的生产行为是一种有意识的行为，因此行为发生前会经过一系列的心理判断与评估过程，最终在各类因素的影响与作用下产生实际行为。因此在行为决策与实施的研究中，主要关注意愿与行为一致化及差异化的研究，以及影响行为实施的其他因素。

首先，不同学者从多角度对于意愿与行为的关系以及促进两者保持一致性的因素进行了探讨，例如傅新红（2010）通过研究生物农药的购买情况，发现农户的购买意愿与行为之间具有一致性，但是影响两者的因素存在差异。[155]宾幕容（2017）通过研究家禽养殖废弃物资源化利用行为，发现意愿对于行为有着积极的影响。[156]崔悦（2019）通过研究农户的耕地保护行为，认为其保护意愿对其行为产生了显著的正向影响，表明意愿对于行为的发生有着明确的关系。[157]洪德和（2019）通过探寻农户宅基地的退出意愿与实际退出行为，认为意愿对于行为而言是一种非必要条件。[158]

虽然意愿是行为的前序过程，但是会有外界因素促进意愿转化为行为，在分析农户的意愿向行为转化因素时，MOA 模型是较为成熟的分析框架，该研究框架认为行为发生由三个核心构念共同促成，分别是动机（motivation）、机会（opportunity）以及能力（ability）。[159]~[161]奥兰德（Ölander，1995）认为只有意愿在能力与机会的调控后才可以与行为保持一致性。[162]此外，相关研究发现农户的物质主义观念越强、社会压力感知越强、公平感知水平越强、生产习惯越强、生态知识储备越多、可获得的技术支持以及信息获取能力越强均有利于意愿向行为的转化[163]~[166]，此外农户的婚姻状况、家庭 60 岁以上老人数、家庭的收入状况等因素对于意愿与行为的一致性也会产生显著积极的影响。[167]~[168]

然而受到诸多条件的影响与限制，诸多研究发现，农户的生产意愿与最终行为之间存在差异，多数研究呈现出农户的意愿水平明显高于行为的采纳程度，因此在现实的生产活动中意愿有时对行为的预期并不准确，甚至两者之间存在冲突。[169]现有研究认为，导致意愿与行为悖离的原因主要来自两个方面：其一，调研方法的偏误，调研过程中农户给予的意愿回复，通常是社会普遍认可的答案，结果往往会高估意愿[170]；其二，现实的各类因素会直接或间接地阻碍意愿向行为的转化。[171]~[172]

针对影响农户意愿与行为悖离因素的研究结果较为丰富，大致从农户的个体因素、认知水平、家庭因素、社会因素、现实因素等开展了研究。例如有学者利用计划行为理论模型为基础对意愿与行为差异的原因进行了探讨，万亚盛（2017）研究发现，农户的退出意愿是在理想状态下的决策，受到行为态度、主观规范与知觉行为控制的影响，而行为是在现实状态下的决策，只受到主观规范与知觉行为控制的影响。[173]同样，李傲群（2019）研究发现，农户的废弃物循环利用意愿与行为存在显著的差异，其中意愿与行为转化的主要影响因素是农户对于循环技术的认知、个人素质高低以及外界的推动作用。[174]有学者则通过实地调研发现，影响农户意愿与行为差异化的原因，并不只是农户主观判断产生的影响，还包括客观因素，例如黄炎忠（2019）研究发现，技术环境对于农户有机肥代替化肥意愿与行为两者之间的悖离状况有显著的影响，其中影响作用较大的两个要素分别是农户拥有的地块要素状况以及相关原料的获取便意程度。[175]许增巍（2016）研究发现，农户健康状况、家庭收入水平、筹资额度高低的认知、环境改善的认知以及社会网络状况均会对农户生活垃圾处理支付意愿与行为悖离产生影响。[176]余威震（2017）认为，农户的绿色认知中政策认知水平、行为认知水平以及重要性的认知均会对意愿与行为悖离产生显著影响，并且进一步利用ISM解释结构模型分析各类影响因素逻辑关系，通过分析认为，政策与行为认知是表层直接因素，绿色认知水平则是中间因素，而性别、年龄、从众心理和土壤肥力状况以及种植规模则是基本的根因。[177]

1.2.4 农牧交错带相关研究

（1）农牧交错带界定方式

农牧交错带最初作为生态学的研究对象，其特征表现为群落或者生态的交错地带。"Ecotone"（交错带）最早在 *Research Methods in Ecology* 一书中作为专业用语出现，并将其定义为具有明显差异的植被群落之间的稳定轮廓。[178]在 1987 年 Scientific Committee on Problems of the Environ-
ment 会议上将交错带定义为"相邻生态系统之间的交错带"。我国最早
对于交错带的定义是赵松桥（1953）从农业经济视角给出，对应名称为
"农牧过渡带"，认定范围为"从长城到已有集约农业地带，向北递变为
粗放农业区、定牧区、定牧游牧过渡区以及游牧区"，采用 400mm 降水
量指标为边界。[179]~[181]此后诸多学者针对该区域开展了界定的研究，包
括"内蒙古即长城沿线农林牧区"，界定标准是半湿润向半干旱地区的
过渡地带，该区域农牧业兼有[182]；"半干旱地区农牧过渡地带"，界定标
准为将年降水量≥400mm 出现的频率 50% 作为主导指标，日平均风速≥
5m/s 为辅助指标[183]；"农牧交错带"，界定标准为湿润系数为 0.35 ~
0.60，农用地与牧业用地占比分别为 15% ~35% 、35% ~75%[184]；"生
态脆弱带"，年降水量 350 ~450mm，湿润系数 0.3 ~0.8[185]；"中国农
牧交错带"，通过选取日照时数、大于 0℃处积温、年平均温度、年降水
量等九个指标，进行计算模拟与界定[186]；"北方农牧交错带"，以
400mm 降水量为等值中心，耕地密度 10% ~40%，草地密度 25% ~
75% 为界定标准[187]；"北方农牧交错带"1km^2 网格内耕地和草地的面
积百分比应大于 15%。[188]

（2）农牧交错带农业生产特点

依据农牧交错带的生态定义，结合我国的实际地理条件、气候与国
情，农牧交错带的农业生产特点不断发生变化与发展，这当中作为生产
资料的草原与耕地兴盛交替，不断变迁。[189]~[193]任继周（2013）研究发
现，农牧交错带在周代以草地农业为主要的生产方式，耕地农业自春秋
战国起开始快速发展，至汉代时，耕地农业的发展超过草地农业，自进
入近代以来，由于人口扩张等原因，耕地农业所占比重更大，草地农业
的形式也发生了变化。[194]并且近 300 年来，农牧交错带不断向北向西移
动，逐渐推向草原腹地，即使我国典型的草地与牧业发达地区，内蒙古
锡林郭勒盟，自南向北也逐渐出现"农业—半农半牧—牧业"的生产方
式转化。[195]~[196]

（3）内蒙古农牧交错带实证研究

针对内蒙古农牧交错带有多种研究角度的研究视角，首先，诸多学者关注该地的经济发展与农牧民生计问题。修长柏（2003）针对该区域的农村贫困问题进行了研究，提出加强对该区域的重视程度并颁布有针对性的政策，加强基础设施的建设，提升人口素质。[197]钢花（2010）提出在该区域的生态补偿模式中，针对产业结构调整的效果较好。[198]朱利凯（2011）研究了农牧交错区农牧户的生计策略和土地利用状况，结果显示农牧户的生计存在差异同时与土地利用方式紧密相关。[199]郝海广（2011）研究了该区域内农户作物选择机制，结果表明其种植决策受到劳动力约束以及养殖的影响。[200]道日娜（2014）实证研究了生计资本与策略的依存关系，结果表明，农户牲畜数量、户主高中教育程度与生计多样化选择负相关，农户社会交往的职业种类与生计多样化正相关，并提出了提升农户生计资本和扩大生计多样化的可行路径。[201]蔡璐佳（2017）通过研究发现，在农牧交错带上，种植大户在耕地的投入与产出水平都显著高于普通农户，但在耕地可持续利用水平上显著低于普通农户，总体耕地集约利用水平是后者的 4.84 倍。[202]杨云（2016）通过研究农牧交错区农牧户生计策略与土地利用状况发现，农业依旧是区域内主要的生计来源，土地利用投入集约度明显较高；不同自然条件下的农户家庭生计策略选择对土地利用的影响趋同，表现为农户的土地投入集约度随种植业收入占家庭收入比例的升高有明显变大的趋势；农户在土地利用时仍旧存在开垦行为，特别在自然条件较差的区域。[203]白雪红（2014）研究发现，农业收入比重对农户租出土地起到抑制作用，而其余因素起到了促进作用，而有些地区由于耕地质量太差，农户对其依赖性较高，抑制了农地的流转。[204]

其次就区域可持续发展而言，海山（1995）提出内蒙古农牧交错带的可持续发展建议，包括加强政府干预、提高农牧户素质与加强基础设施建设。[205]刘娟娟（2009）针对退耕后的农牧交错带提出可持续发展战略，提出加快城镇化步伐及发展农业适度规模经营是农牧交错带农业可持续发展的必然选择。[206]徐冬平（2017）研究认为，农牧用地比例关系是制约农牧交错地区可持续发展的关键性问题，就通辽市而言"牧业主导发展格局"为其可持续发展的最佳格局，但不是目前最适合的发展格局，建议近期与远期分别采用"农牧均衡发展格局"与"牧业优化发展格局"。作者不仅提出了支撑通辽市可持续发展农牧发展格局，而且为农牧交错区的持续发展提供了有益的理论研究。[207]

再有农牧交错带的土地利用是诸多学者关注的重点，并且与生态变化紧密关联。战金艳（2004）针对该区域土地利用方式与环境变化进行了描述，表示土地利用形式多由放牧与林地向耕地转化，出现草地沙化、草地质量下降、草地生物多样性下降等变化，并且沼泽湿地面积减少，生态环境不断恶化。[208]焦燕（2014）研究发现，土地利用变化和农田开垦年限对 CH_4 吸收产生显著影响。[209]天然草地转变为农田后促进 CH_4 吸收，并随开垦年限的延长 CH_4 吸收降低。魏雯（2014）研究认为，当前生态环境恶化的发展趋势与生态环境治理成果显著状态并存，但是生态的服务价值总体上处于良性发展的态势。[210]木兰（2016）以该区域部分弃耕地恢复为研究对象，表明在荒漠草原合理的人工干扰有利于弃耕地的植被恢复，弃耕地的植被恢复更替是个漫长的过程，但弃耕地的再利用要慎重。[211]晨光（2015）以农牧交错区的阿鲁科尔沁旗为例，发现居民土地利用的三种特点：现有居民点由纯牧民居民点转化而来，并且内部用地类型呈现多样化，居民生计也呈现多样化。[212]

1.2.5　研究进展评述

纵观国内外学者对于农业"碳"与相关农户生产行为的探讨可知，当前研究与探讨针对农业与"碳"的关注程度不断提升，对于农户生产行为的研究，也逐渐向生态与环保的方向转移，从相关行为的内涵讨论到形成机理，影响因素等方面的成果丰富，对于本书的研究有很大的借鉴意义，但仍存在一定的不足，具体如下：

（1）农业"碳"的研究多聚焦于宏观层面，缺乏对微观层面的探究。不论是对于农业碳排放与碳吸收源头的界定，还是碳中和实现途径的讨论，现有研究多聚焦于宏观层面数量的统计与分析，缺乏对微观个体行为的研究与讨论，因此本书从微观农户的生产行为入手，结合现有农业碳的相关研究成果，就农户行为与农业碳存在的关系，如何通过农户生产行为达到农业碳中和目标等内容展开相关研究。

（2）碳中和视角下的农户生产行为缺乏相关的概念界定与衡量体系。现阶段碳中和开展的相关研究，缺乏对其实现途径以及相关的农户生产行为的说明与界定，而与之相关的低碳生产行为与绿色生产行为存在概念界定不统一、衡量内容不一致的状况，并且缺乏对行为理论性与系统性的探讨，多集中于某一种或某几种行为。本书在现有相关研究基础上，结合农业碳中和实现途径，明确界定相关生产行为类型与内涵。

（3）农户生产行为形成的内在机理研究有待完善。当前针对农户生产行为的研究集中于行为形成过程中某一环节展开，例如认知水平、行为意愿以及行为实施各方面的研究成果较为丰富，但主要关注于影响因素的分析，缺乏对内在机理的深入探讨。此外，在诸多因素中，哪些因素可控，哪些因素不可控，哪些因素会对哪个环节产生较为显著的作用，这些问题均需要进行分析与讨论。本书将借助相关行为分析框架，构建碳中和生产行为机理，并结合实证数据对影响生产行为的相关因素进行探讨与分析。

（4）农户生产行为的激励与约束机制研究有待加强。现有研究对于农户生产行为的各类因素的影响作用与方向展开了丰富的讨论，表明农户虽然是农业生产主体，但是其行为会受到诸多因素的影响，其行为的发生不仅需要进行主观的评估与判断，也需要合作组织、各类金融机构以及政府共同参与完成，然而就如何克服不利因素影响，利用有利的促进因素保证农户生产行为的顺利开展的研究不足。本书结合相关机理理论，构建行为优化的激励与约束机制，并且提出有助于机制顺利运行的相关体系，以期提升农户行为的实施效果。

1.3　研究的目的与意义

1.3.1　研究的目的

随着全球气候变暖的态势越发严重，农业生产过程中产生的碳排放量不断增加的现状，探寻一个低碳、绿色、可持续的农业生产模式成为各国各政府迫切需要解决的关键问题，而碳中和发展模式非常顺应需求。小农户作为农业生产的主体，其生产行为会对农业碳中和能否实现产生影响。本书立足于我国北方农牧交错带的典型地区，通过总结该区域的自然、生态与生产特点，提出满足该区域目前生产需求的农业碳中和生产模式，依据 MA 分析框架构建农业碳中和与农户生产行为的关系，总结出有利于农业碳中和实现的相关农户生产行为，进而借助相关行为理论构建农户生产行为分析框架，梳理行为形成机理与关键组成部分。并且结合实证数据对行为机理形成的关键环节与影响因素进行分析与讨论，找寻生产行为形成的促进与阻碍因素，并最终构建一系列的有利于农业碳中和实现的农户生产行为的优化机制，主要目的有以下几点：

（1）厘清农业碳中和实现途径以及其与农户生产行为之间的关系

结合现有文献与生态学、农学的相关理论与方法，结合样本区的种植与养殖现状，并总结其农业生产环节碳排放与碳吸收的关键途径，进而构建农业碳中和的实现渠道以及与其相关的生产方式。同时利用拓展的生态环境演变驱动机制（MA）框架，搭建农户的生产行为与农业碳中和的关系，为后文展开针对性的农户生产行为研究奠定基础和指明方向。

（2）探究有利于农业碳中和的农户生产行为机理

基于农户农业生产的主体地位，在系统梳理国内外相关文献的基础上提出科学问题，以行为经济学相关理论作为个体行为的逻辑分析支撑，结合包括理性行为理论、计划行为理论、保护动机理论以及行为接受模型等，构建农户生产行为的理论逻辑框架，以期解决农户生产行为逻辑理论缺乏的问题，并为后续开展农户碳中和生产行为的研究提供理论参考。

（3）辨析农户生产行为的影响因素与作用效果

通过构建有利于农业碳中和实现的相关农户生产行为理论模型，结合实地调研数据，对模型中农户认知水平、行为评价、生产意愿以及具体行为现状进行数量统计与描述性分析。并且基于理论模型，采用回归模型、结构方程模型与解释结构模型等计量方法，从心理与客观因素上对引起农户认知水平、行为效果评价、自我能力评价、主观规范与生产意愿的直接与间接因素讨论与分析。深入挖掘造成意愿向行为转化过程中影响二者一致性水平与差异化现象的因素，以及农户个体风险偏好对碳中和行为采纳状况的因素，并进行详细的探讨与分析，为后文提出优化生产行为的激励机制提供参考。

（4）建立优化农户生产行为的激励机制

结合理论分析与实证分析的结论，就当前农户生产行为相关机制存在的问题展开详细的分析，并提出优化机制建立的目标与原则，依照目标与原则通过提升农户的认知程度，引导农户的行为意愿，促进农户行为意向具体行为的转化，以期形成一个农业碳中和生产的长效发展机制，探索性地设计相关农户生产行为的激励机制和约束机制，以便充分发挥农户在发展碳中和农业中的积极作用。

1.3.2 研究的意义

面对正在加速的全球气候变暖所造成的海平面上升、冰层融化、极端天气以及气候变化等问题发生频率不断增加的现状，开展针对农业碳领域相关的研究对于改善农业生态环境，减少农业温室气体对全球气候变暖造成的不利影响有着积极作用。而农户作为农业生产过程中重要的参与者，其生产行为可有效减少农业碳排放量并且增加农业碳固定量，因此，在碳中和视角下展开对农户生产行为的研究有着重要的理论意义与实践意义。

（1）理论意义

本书的研究对于丰富外部性理论、农户行为理论以及激励理论的研究成果有一定的意义。

第一，通过对农业碳中和领域开展研究，分析得出农业生产过程中增汇减排的关键环节，以"碳"为标尺对农业生产与外部环境的关系进行了探讨，克服了外部性问题研究过程中的不确定性与模糊性，丰富了经济学外部性研究中针对某一特定对象实证研究的范畴。第二，通过总结行为理论与农户生产理论，从理论上阐明了有利于农业氮中和相关农户生产行为的关键驱动因素的影响机制，并利用实证检验各影响因素的作用路径，揭示碳中和视角下农户生产行为的产生逻辑，丰富了农户生产行为研究的理论意义。第三，借助激励理论分析框架，结合影响生产行为产生的心理与客观因素，探究从内部与外部视角的正向与负向激励机制，丰富了激励理论在农户生产行为方面的研究成果。

（2）现实意义

本书的研究对于改善农业生态环境、规范农户生产行为以及探索农牧交错带适合的发展模式拥有一定的现实意义。

第一，结合碳中和概念探讨农业生产问题，可以更加准确与系统化地构建农业生产对生态环境的影响方式与大小，从而为探讨农业生态环境保护问题提供更加丰富的研究角度。第二，本书从心理主观与外界客观两方面，对影响农业碳中和实现相关生产行为的关键驱动因素、因素作用机制、因素影响路径等问题进行实证探讨与研究，可以为有效驱动农户生产行为实施提供政策上的参考意见，进而从源头保证农业碳中和的可实现性。第三，针对农牧交错带所构建的碳中和发展模型，对于正确处理农业生产与环境保护之间的关系，践行"绿水青山就是金山银山"的发展理念，建设内蒙古成为中国北方生态环境屏障等系列重要举措具有现实意义。

1.4 研究思路与结构路线

1.4.1 研究思路

本书建立了"构建行为框架—分析行为框架—优化行为框架"的分析体系，如图1-3所示。第一，基于全球气候变暖与碳排放量增加的现实背景以及中国生态文明建设的时代背景，从农牧交错带农业生产现状中发现比较特殊且具有普遍性的碳中和生产相关问题，根据现有生产水平、前人研究基础与专家意见挖掘有利于实现碳中和的关键方式，并通过"MA"分析框架构建农户生产行为对碳中和的影响途径，同时结合农户行为理论，构建有利于实现农业碳中和相关的农户生产行为模型；第二，基于农户生产行为理论模型，结合相关文献与实地调研经验，选取理论支撑、提出研究假说、构建计量分析框架，对所构建农户生产行为模型进行实证分析，解释其中的关键机理并就关键因素进行深入分析；第三，结合前面的研究结果，提炼相关现实与科学问题，构建有利于促进农户开展碳中和生产方式的行为优化机制。

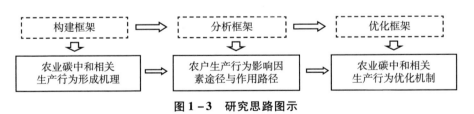

图1-3 研究思路图示

1.4.2 结构路线

根据前面的研究思路，本节从研究设计、理论分析、框架设计、实证分析、规范分析、结论展望六个部分构建本书的整体研究结构路线图，如图1-4所示，分别在每个部分构建具体的研究思路。

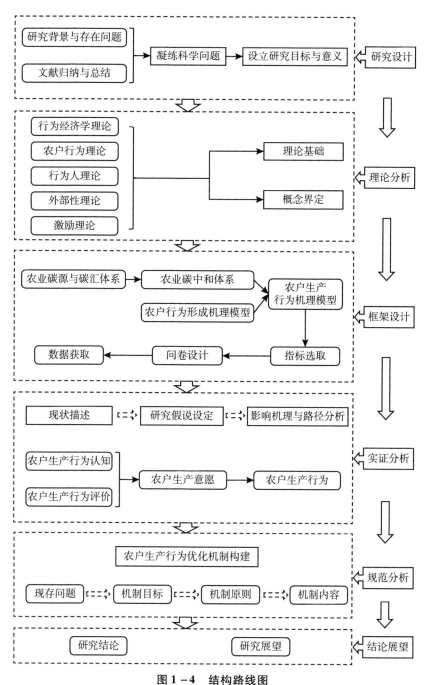

图 1 - 4　结构路线图

1.5 研究内容与研究方法

1.5.1 研究内容

本书共有八章,围绕农业碳中和相关农户生产行为的形成机理、影响因素与行为优化机制展开研究,主要研究内容包括以下三个方面:

第一,农户的哪些生产行为会对农业碳中和产生影响,其行为机理是什么?农业生产是一个与自然界能量和物质不断循环的过程,在此基础上经过劳动者付出劳动实现农业产出,因此,农户生产行为会对农业碳中和产生影响。本书通过结合相关文献梳理与实际生产活动,对农业生产过程中的碳减排与碳增汇方式加以辨析,分析得出农业碳中和的实现途径,并利用 MA 分析框架总结得到农户生产过程中有利于实现碳中和的相关行为,结合行为理论分析其行为机理,上述问题主要从理论层面展开严谨的分析。

第二,实际生产过程中行为机理各关键环节的影响因素与作用路径如何?针对农户生产行为机理的实证研究,诸多学者已展开了丰富的讨论,但相关研究均局限于特定地区与特定行为,其结果并不具有普遍性。因此,面对全球气候变暖与农业碳排放量增加的现状,以及半农半牧区种养兼具的生产特点,本书构建了农业碳中和生产模式下农户生产行为形成机理的理论框架,即生产行为在一定程度上决定于生产意愿,但有时会出现意愿与行为相背离的状况,而生产意愿则决定于农户认知水平与农户对行为的评价水平。此外,其他客观因素也会对各环节产生不同程度的影响,并且农户的风险偏好会直接作用于最终的生产行为。围绕上述内容,第二部分主要从实证角度给予了详细的描述与分析。

第三,现阶段农业碳中和相关农户生产行为存在怎样的问题,通过怎样的机制设计可以优化其生产行为？基于实证研究结果，总结发现农户行为产生过程中存在的认知水平较低、行为评价消极以及生产意愿与行为不一致等现实问题，结合行为机理影响路径与其他各类影响因素产生的效果，结合激励理论，构建生产行为优化的机制，以期对农户生产行为产生激励与约束作用。此部分通过结合实证分析结论与相关理论展开了机制探索。

1.5.2　研究方法

（1）文献研究法

文献研究法即通过对相关文献的收集、阅读与整理，进而对所研究的内容形成一定认识的一种基础性研究方法。本书通过 CNKI、万方与维普等几大中文数据库，以及 Web of Science 等外文数据库对碳中和、农户生产行为、农业碳排放与碳吸收、农牧业交错带等相关研究的成果与热点、主要采用的研究方法、研究过程中的经验教训、存在的问题以及尚待解决的问题进行汇总，找到本书研究的切入点，为农业碳中和相关农户生产行为的研究提供一定的理论借鉴与研究思路，并且为后续计量分析的模型与变量选取提供文献参考。

（2）问卷调查法与实地访谈法

2019 年至 2020 年期间，笔者先后多次前往通辽市农牧交错带三个旗县区的多个村（嘎查）进行调研，获取大量关于农户生产状况的一手数据，对农户的个人基本特征、家庭特征、社会特征等客观因素进行问询，并且就农户对于农业碳中和生产的相关认知、生产行为评价、生产意愿表达其直接的想法，以及对实际生产行为进行深入了解，以此获取翔实的微观实证研究所需的基础数据；此外，笔者与相关政府办事人员和管理人员建立联系，通过访谈形式对内蒙古农牧交错带的农业发展水平、生态环境现状、相关政策的实时状况进行了解，同时索要相关资料，以此对内蒙古农牧交错带的农业生态状况有了宏观全面的了解。

（3）理论分析与经验分析相结合法

理论分析是对事物发生的内在联系与规律的研究，经验分析是在理论分析的基础上，结合实际状况对理论的检验与补充，两者相辅相成。本书借助农户行为理论、外部性理论、激励理论，结合农牧交错带上农业的生产水平、资源状况与农户生产特点等现状，对有利于农业碳中和的相关农户生产行为进行概念界定，对生产行为的产生机理进行分析，对生产行为与农业碳中和实现途径进行关系构建，对影响生产行为的因素进行选取并且阐述选取依据。

（4）实证研究与规范研究相结合法

实证研究法侧重分析实际经济体的现实运行状况，所关注的问题在于"实际是什么"，而规范分析法是在一定价值水平判断下所提出的某些问题的评价标准，其所关注的问题在于"应该是什么"。本书通过结合实地调研数据对农户生产行为现状展开客观描述与分析，对提出的影响因素与研究假说加以验证，结合规范分析对行为认知、行为评价、行为意愿以及行为决策的设立判断标准，并结合激励理论提出行为优化的机制。

（5）计量分析方法

选用科学的计量分析法对变量之间的数量关系与规律进行研究与分析，是当今管理类学科的主流研究方法。[213]本书借助多元回归模型、二元 Logit 模型、SEM 结构方程模型、ISM 解释结构模型等方法进行数量分析。

1.6 可能的创新与不足

1.6.1 可能的创新

本书基于前人研究成果就农牧交错带生产现状，围绕有利于农业碳中和实现的相关农户生产行为，展开了一系列的研究与讨论，总体而言可能存在以下创新点：

第一，碳中和概念的提出尚处于理论阶段，具体实现途径并没有明确的说明，特别是在农业生产领域。本书根据碳中和概念，在前人研究基础上总结得到农业碳中和的概念与具体实现途径，在概念运用上有一定的创新性。

第二，现阶段对于农业与"碳"的相关讨论多集中于宏观视角，利用国家、省域或地区数据分析驱动因素与时空变化等问题，鲜有研究将视角聚焦农户这类微观群体，研究其生产行为与农业碳之间的关系。本书将研究视角关注于农户的生产行为，结合生态学相关知识，总结判断哪些生产行为与农业碳的循环具有相关性，进而丰富农业与"碳"领域的研究成果，具有一定的创新。

第三，本书调研样本地区位于农牧交错带，该区域农业生产呈现"养殖为主，种植为辅，种养兼具"的特点，因此对该区域农户开展研究时不能只关注于某一种行为，需要结合生产实际总结研究农业碳中和相关农户生产行为的影响机理与路径，对于农户行为的研究具有一定的创新性。

1.6.2　研究的不足

由于农业生产过程中碳排放量与吸收量的测度是一个包括作物学、动物学与生态学等多学科领域的综合结果，受到时间、经费、研究资料与能力的限制，本书参考与运用的是一个通用的参照系数，欠缺与该区域实际生态环境与生产过程的准确结合，因此在学科融合方面有待于提升。此外，本书调研区域集中于通辽市的多个旗县，调研时发现不同的旗县甚至不同嘎查（村）的农户生产行为存在较大差异，而这种主观影响因素较大的变量需要更多的调研数据来支撑，因此在今后的研究中应尽量扩大调研范围，保证研究结果的可靠性。

1.7　本　章　小　结

　　农业作为人类与环境最直接的能量与物质的沟通渠道，由于人类生产活动的过度干涉造成了农业生态环境严重破坏，作为生态环境最为脆弱的农牧交错带，这样的农业生产状况尤为明显，其中碳失衡是一个最为显著的特征，甚至对全球变暖产生了一定的促进作用。在这样的背景下，本章首先提出研究问题的现实意义与价值，通过梳理文献，以明确相关领域的研究现状并找到本书的切入点，依据研究需求提出本书的研究目的与研究意义，在此基础上梳理本书的研究思路并且构建技术路线图，同时对研究的内容与所采用的方法进行说明，最后总结可能存在的创新点与研究的不足之处。

2 概念界定与理论基础

2.1 概念界定

2.1.1 农业碳中和

碳中和（carbon neutral）也称为碳补偿（carbon offset），即净碳足迹、零碳排放的状态，该概念最早是由英国伦敦原 Future Forest 在 1997 年所创造出来的一个新名词，并于 2006 年被《新牛津美国字典》评为年度词汇。英国标准协会（BSI）将其定义为：一标的物相关的温室气体排放，并未造成全球排放到大气中的温室气体产生净增量。[214]碳中和作为低碳发展理念的延伸，是人类对地球变暖现实问题的自省与自律的结果。该理念的提出致力于改善大气状况并引导人们开展低碳生产与生活模式，不同于单纯的低碳发展理念，它不仅要求更低的人类活动碳排放，还要求将这一部分碳排放通过多种碳补偿措施将其吸收与清除，以实现碳收支的平衡，也即中立的（零的）碳排放总量。

农业碳中和即农业生产过程中净碳排放为零的状态，通过采取各类手段尽可能降低农业生产过程中的碳排放量，对于已经产生的碳排放要借助各类补偿手段予以吸收、固定，以期实现农业碳中和。主要手段包括改善农业生产的外部环境、提升主体的认知水平、宏观布局种养结构、使用清洁能源等,以实现农业生产的碳中和。

2.1.2　农户

农户(peasant household)即农民家庭,是指农村中以血缘与婚姻关系为基础的农村最基层的社会单位,既是一个独立的生产单位,也是一个独立的生活单位。作为一个生产单位农户,一般是以自有或租入(或兼而有之)的土地和其他生产资料,依靠家庭成员的劳动或雇佣劳动(或兼而有之)进行农业生产与经营活动的。[215]本书所关注的农户具有需要兼顾种植业与养殖业两种生产方式的特点,因此在进行生产活动时其所需要投入更多的劳动,也会呈现出专业性不强的特点。

2.1.3　农户生产行为

农户是以农业生产为基础进行生产经营活动,农户生产行为是指农户在一定资源约束、经济制度和技术水平下,为达到一定的生产目标,在生产方向选择、生产规模和方式上采取的一系列经济活动[216],因此农户生产行为是意愿在一定条件下转化而来的有意识行为,其行为发生具有目的性。本书以碳中和视角探讨农户的生产行为具有一定的探索性,若局限于某一行为可能出现结果偏误的情况,为保证结果的全面具体,因此本书所关注的农户生产行为是以减少农业碳排放与增加农业碳吸收为基础的,有利于实现农业碳中和的多个行为组合,包括投入物使用、饲料加工、机械与设施使用、作物选种以及废弃物处理五类行为。

2.1.4　农户生产意愿

农户生产意愿并不等于其最终的生产行为,指农户对于农业碳中和相关生产行为的个人看法与想法,并最终产生个人的主观思维,是农户的心理陈述。包括多个行为理论在内，均将意愿视为行为的前项，即所分析的行为是有意识的行为，这种行为是在有意愿的前提下所产生，也具有一定的学术研究价值。但是农户的生产意愿与行为存在差异，意愿强调农户心理活动的过程，若最终转化为行为则会受到多种因素的影响，并且意愿也会受到农户认知水平与行为评价这些心理因素的影响，因此在本书探讨时，将意愿与行为进行区分。

2.1.5　农牧交错带

农牧交错带受到气候与自然资源的影响与限制，农业生产呈现种养兼具的特点。本书所关注的内蒙古农牧交错带是我国北方农牧交错带的重要组成部分，也是内蒙古自治区农业生产比较集中的区域，农业生产呈现"以牧为主、以农为辅、种养结合"的特点。[217] 依据不同的自然与社会经济条件差异，通常分为五个生态经济类型区，分别是科尔沁草原沙地农牧交错区、嫩江流域低山丘陵农林牧交错区、阴山北麓风蚀沙化农牧交错区、浑善达克草原沙地农牧交错区、黄河中上游风水侵蚀农牧交错区。

2.2　理 论 基 础

本节通过对研究所涉及的相关理论进行分析与总结，为本书构建分析框架并展开实证研究奠定基础。从农户行为理论入手，梳理农户行为经济学分析的发展与演进过程，结合行为人与行为经济学相关理论，为后续构建本书农户生产行为理论框架奠定理论基础。并且通过外部性理论就农户生产行为具有的外部性进行分析，进而借助激励理论为后续行为优化机制的构建提供理论参考依据。

2.2.1　农户行为相关理论

从经济学视角分析农户行为，主要分为三大学派：第一，以经典经济学为基础的理性小农学派，该学派主要观点为农户的生产决策目标是为了有效配置资源，并且追求利润最大化；第二，以存在风险、信息不对称以及不确定性条件下所作出决策的"非理性"小农，该理论认为农户的生产决策目标是追求家庭效用最大化，以及风险最小化；第三，以兼顾生计所需以及利润最大化的历史学派。

2.2.1.1　经典的理性小农

理性小农学派的代表人为舒尔茨（1964），在其代表作《改造传统农业》中提出农户理性的结论，极大促进了农户经济学的分析发展。[218]舒尔茨认为发展中国家小农户虽然贫穷，但是可以将所拥有的生产资料实现较好的配置，极少出现低效率的情况，其行为与企业家相似（但是并不完全一致，企业家有储蓄而农户通产是贫困的），具有逐利性的特点，认为农户行为完全是理性的，符合经典经济学的分析逻辑。发展中国家的传统农业无法对国家经济作出贡献的原因在于，农业生产过程中生产要素投入效率存在边际递减规律，导致农业经济增长缓慢并且效率不高的情况，并非农户缺乏积极性与进取心，因此舒尔茨提出改造传统农业的关键点在于发展农业生产技术。此外，波普金（1979）在其代表作《理性的小农》一书中作出了"农户是理性的个人或者追求家庭福利最大化的人"假设，认为农户作出的选择是基于其偏好与价值评估后的结果，因此可以认为是效用最大化的决策。[219]

如果将经济效率分解为技术效率与配置效率对农户生产行为进行分析，技术效率是农户可以获得新型技术，使用之后可以提高农业生产效率，配置效率是在技术引入条件下，对投入与产出的调整，即追求边际收益与边际成本相等。[220]图2-1展示了新古典经济学中利润最大化原理，MVP_1、MVP_2 与 MFC 分别表示传统农业中的边际收益曲线，引入新的生产要素后的边际收益曲线以及边际成本曲线。最优决策即实现利润最大化，边际效率与边际成本相等时实现。图 2-2 展示了舒尔茨的理性小农理论模型，其中 TPP_1、TPP_2 与 TFC 分别表示传统的农业生产函数，引入新生产要素的农业生产函数以及劳动成本，短期内劳动被视为唯一可变生产要素。图中 TPP_2 的技术效率高于 TPP_1，其中 D 点具有技术与配置效率，因此具有经济效率，A 点只具有配置效率，缺乏技术效率，所以经济效率低下。由此可知，农户在进行生产时会对投入要素与产出的价格进行生产的调整，以求得配置效率，因此给予农户补贴等政策可以提高效率；如果相似种植与养殖规模的农户具有较高的经济效率，表明低效率农户缺乏新型技术，因此加大新技术的推广与运用会提升效率。

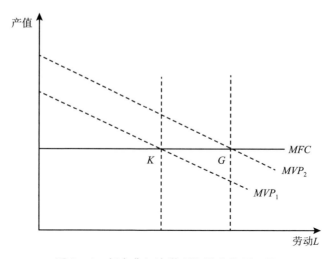

图 2-1 新古典经济学利润最大化原理图

2.2.1.2 非经济理性的生存小农派

不同于理性小农学派，该学派相关研究认为农户生产决策的目的并不是追求经济效益最大化，而是在面对风险与不确定性的情况下，结合自身所拥有的生产资料，追求"低风险"与"满意"的生产决策。其中

较具有代表性的主要有美国经济学家斯科特提出的"道义小农"学说与
俄国经济学家恰亚诺夫所代表的"组织生产"学派。

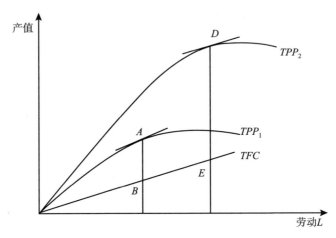

图 2－2　舒尔茨理性小农生产模型

（1）斯科特的农户风险规避理论

19 世纪 70 年代美国经济学家斯科特提出了著名的"道义经济"理
论，认为具有强烈生存需求的农户所追求的是安全与规避风险的选择，
并不会冒险追求高风险高收益的选择。[221] 经济学中对于风险的定义为：
如果某件事情的发生需要用概率表示，则说明某件事具有风险，而风险
是农户的自我感知与评估的结果，因此不同农户之间存在差异。在农户
生产过程中，对于新技术的采纳与否是一个典型面临风险的选择过程，
图 2－3 描述了一个新技术采纳与否所带来的收益不确定性状况。如
图 2－3 所示，如果一个技术行之有效则会带来较高的收益；相反，如果
缺乏效率则会降低收益，分别如图中 Y_1 与 Y_2 所示，但是农户会依据其
所拥有的资源状况，对自身采纳技术后可能出现结果进行判断，图中如
Y 所示，并且 $Y = P_1 \times Y_1 + P_2 \times Y_2$（$P_1$、$P_2$ 分别代表两种状况发生概率，
两者之和为 1）。TC 为总成本曲线，当总成本曲线与总收益曲线相等时，
则实现利润最大化。如表 2－1 所示，表明不同风险偏好类型农户的投入

水平、可能受益与可能损失。

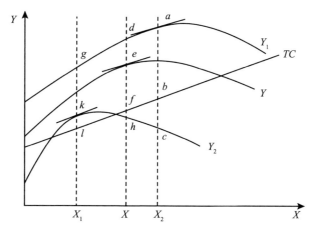

图 2-3　风险规避型理论模型

表 2-1　　　　　　　　　不同风险偏好农户的投入与收益

风险类型	投入水平	技术有效时	技术无效时
风险偏好者	X_2	收益 ab	损失 bc
风险中立者	X	收益 df	损失 fh
风险规避者	X_1	收益 gl	收益 kl

图 2-3 中 a、e、k 分别表示边际收益与边际成本相等的点，此处的切线斜率与总成本曲线斜率一致。若农户是风险偏好者，在 X_2 处进行投入，会面对高收益与高损失的状况；若农户是风险规避者，会在 X_1 处进行投资，无论新的技术有效率否均会获得收益；若农户是风险中立者，技术有效率时获得的收益 $df > gl$，技术无效率时的损失 $fh < bc$。

一般认为，储蓄较低、社会资源匮乏、抗风险能力较差的小农户，多数属于风险规避者，如果他们不规避可能产生的风险时，会遭受难以承担的损失，影响基本的生产与生活，所以多数农户的投入会处在 X_1 与 X 之间。因此基于这一理论分析，政府在制定政策与推广新技术时，要考虑农户风险规避的特点。

（2）恰亚诺夫的劳役回避理论

俄国经济学家1920年首先提出了农户家庭效用最大化模型，该模型强调农户对家庭劳动的主观决策。农户面对的主要有两件事情：一件是开展农业生产活动，但是农业劳动是需要辛苦付出的，所以农户不劳动则可以开展休闲产生正效应；另一件是为了满足家庭各成员的需求，需要产生收入正效应。因此农户的目标主要有两个，分别是增加收入的正效应与减少劳动的负效应，农户需要通过主观判断在两个目标之间进行权衡。该分析模型具有四个假设：一是不存在劳动力市场，家庭既不雇佣其他劳动力，家庭成员也没有其他收入；二是农产品既可以留作自用，也可以在市场进行销售，价格由市场决定；三是每个家庭都可以根据需求获得耕种的土地；四是农户所在社区有着自己的生活习惯与社会规范，所以具有农户能够接受的最低消费水平。图2-4描述了恰亚诺夫农户理论模型。

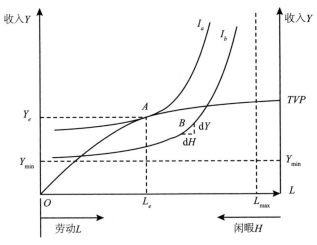

图2-4　恰亚诺夫农户理论模型

图2-4中横坐标轴表示农户所拥有的劳动时间，其中从左至右表示投入实际劳动的时间 OL，从右至左表示农户的休闲时间 LO。纵轴表示

农户在拥有耕地上获得的产出，由于价格由市场决定，因此也表示总收入。图中 TVP 表示生产曲线，表示农户不同劳动投入下的产出水平，呈现边际收益递减的特性，该曲线的变化会受到技术进步与市场价格变化的影响。I_a 与 I_b 表示两条无差异效用曲线，由于收入与休闲均属于正常消费品，所以无差异曲线凸向 L 点，表示获得更多的收入或休闲农户均会获得更高的效用，曲线上任意一点的斜率表示农户主观收入水平，例如图中 B 点表示，为获得一单位的收入 dY 需要损失 dH 的闲暇时间。A 点表示技术水平一定时的均衡点，即无差异曲线与生产函数的切点，此处劳动投入为 L_e，收入水平为 Y_e。无差异曲线的形状受到两个条件的限制，分别是农户必须满足最低的生活标准（Y_{min}）以及受到生理因素所能投入的最大劳动时间（L_{max}），因此在水平与竖直处会变为直线。该模型是在技术水平一定的条件下，既包含生产也包含消费的农户家庭模型，受到家庭人口数与家庭劳动力人数的影响，如果劳动力人数减少同时消费人数增加，农户的最低收入水平会出现上升的情况，在现实中有一定的解释能力。

2.2.1.3 历史小农学派

以黄宗智为代表的历史学派，提出了中国农户既不是舒尔茨所描述的理性小农，也不是恰亚诺夫所描述的生计小农，提出了"拐杖逻辑"这一独特的小农命题。该理论对中国农户开展针对性研究，中国农户的收入包括务农收入与非农的工资性收入两部分，发现即使在边际收入很低的情况下，农户仍然会增加劳动投入，认为出现这种现象的原因在于农户缺乏边际报酬的概念，提出农户具有既追求效用最大化也追求利润最大化的特点。

2.2.2 行为人理论

奥地利学派的学者米塞斯（1949）在其所著《人的行为》一书中，

首先肯定了人有意识的这一基本事实。[222]他认为个体对的人具有其独一无二的特点，并不能够用数字精确地表示其行为，也不可以将人比作物理学中"运动"的石头或原子，人在发生行为时拥有自己的目标、目的或是内在的意图，为了达到最终的目的个体也会形成想法。他假定有一个"先验人"的行为"公理"，在此基础上推导出人类社会经济的安排与运作原理，将建立在个人行为逻辑上的经济学理论提升到社会哲学或人类行为通论的高度来处理，由此开创出"人的行为学"方法论。因此，米塞斯所描述的行为人是拥有心智与自由意志的，行为人所做出的每一件事，每个行动均不相同，是自由行动相互影响的结果，因此其行为并不能够量化为规律性的公式。

2.2.3　行为经济理论

行为经济学近些年发展较为迅速，该理论提出个体行为实际发生时常常出现与"理性"相背离的情况，并且认为经典经济学中对于"理性人"的假说过于严格，并不切合实际，据此以现实决策为基础，建立符合心理学事实的行为决策模型。该理论所提出的行为人"有限理性"假设，是在经典经济学理性人基础上对部分假设的修正，但是并没有完全推翻理性人的假设，而是增加了农户行为的解释能力，进而可以更加准确地考察个体行为。该理论认为个体行为决策受到诸多因素的影响，包括外界引导与刺激以及自身心理因素，其中外界因素存在不确定性，对行为人的作用方向可能积极也可能消极，因此起到关键性作用的是认知水平、学习能力、感知能力以及意愿等，更加强调行为决策过程的重要性。行为人的决策目的是风险最小化以及效益最大化，为了解决风险条件下的决策问题，冯·诺依曼和摩根斯坦（1944）在公理化假设的基础上，运用逻辑和数学工具建立了不确定条件下理性人行为选择模型，但是该理论对风险决策的描述一直受到质疑，并不能准确真实地描述个体行为。[223]随后提出的一系列理性行为、计划行为、保护动机等理论用于研究个体行为发生过程与影响因素，被视为行为研究的基础理论。

2.2.3.1 理性行为理论（TRA）

理性行为理论（Theory of Reasoned Action，TRA）由菲什宾和阿耶兹（Fishbein & Ajzen）于 1975 年提出，该理论假设个体行为人为理性人，其行为在某种程度上可由行为意向作出合理推断，而行为意向决定于行为态度与主观规范（主观准则）。其中，行为意向是指个体对于某项行为活动的心理度量；行为态度是指个体对于某项行为所持有的积极或消极态度；主观规范是指个体对于周围人与环境对于其采取某项行动，所产生影响的感知程度。上述三个因素通过不同方式最终共同作用于行为，如图 2-5 所示。该模型提出，影响行为的诸多因素均通过对其行为态度与主观规范产生作用，通过该通用模型可以对行为的产生有一个直观的认知，但是该模型假定行为人对于行为有着完全的控制能力，然而这与现实状况存在出入，因此在利用该模型分析时需要引入其他不可控的外部变量。

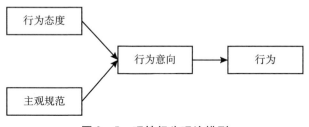

图 2-5 理性行为理论模型

2.2.3.2 计划行为理论（TPB）

计划行为理论（Theory of Planned Behavior，TPB）是理性行为理论的延伸，由阿耶兹（Ajzen，1988，1991）所提出。该理论提出，人的行为并不是完全自愿，而是在各种条件的控制之下。因此该理论在 TRA 理论的基础上增加了一个评估因素：感知行为控制或知觉行为控制（perceived behavior control），反应行为人过去的经验与预期的阻碍对其行为控制能力的判断，既会影响行为意向，也会对行为直接产生影响，当自己所掌握的资源越丰富、机会越多、预期的阻碍越少，则对于知觉行为控制也就越强。TPB 分三个阶段来分析行为形成：第一，行为决定于行为意图；第二，行为意图决定于行为态度、行为主观规范以及知觉行为控制三部分或其中几部分；第三，外生变量影响行为态度、主观规范与知觉行为控制，三个变量从概念上可以完全区分开，但是有时它们可能拥有共同的信念基础，因此它们可能彼此独立，但是又两两相关。在实际的运用中，诸多学者在基础的 TPB 基础上不断引入其他的外在变量，称为"拓展的计划行为模型"或"改善的计划行为模型"，使得模型的解释能力不断增强与完善，如图 2 - 6 所示。

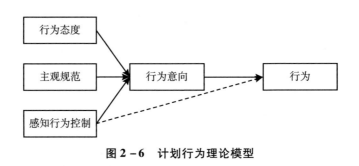

图 2 - 6　计划行为理论模型

2.2.3.3　保护动机理论（PMT）

保护动机理论（Protection Motivation Theory，TMP）是由罗格斯（Rogers，1975）基于健康信念模型（HBM）发展而来[224]，1996 年，波尔和赛德（Boer & Seydel）确定了该理论的主要组成部分：严重性（severity）、易感性（vulnerability）、反应效能（response efficacy）、保护意愿（protection willingness）及保护行为（protection behavior）。该理论认为，个体是否采取某一种保护行为决策，是基于对威胁与应对方式两方面的综合评估后的结果，如图 2 - 7 所示。其中威胁评估包括感知严重性和感知易感性，感知严重性指农户感知到现已存在的危险的严重程度；

易感性指自己受到威胁的可能性评估。[225]应对评估除上述的反应效能，有学者将自我效能与应答成本加入其中，反应效能指个体对采取的某种行为是否能起到作用的一种认识[226]；自我效能指在实施现有的要求行为过程中个体的能力期望[227]；应答成本表示个体针对要发生的行为所感知到的成本，包括货币与非货币成本。[228]诸多学者将 PMT 用于分析农户的亲环境行为。[229]~[230]

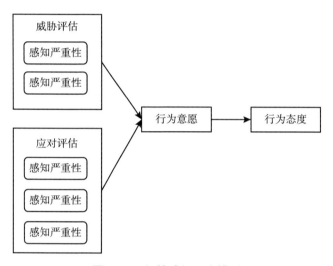

图 2 - 7　保护动机理论模型

2.2.3.4　技术接受模型

针对农户对于新技术、新材料、新种植方法等采纳行为时，诸多学者通过引入技术接受模型（Technology Acceptance Model，TAM）进行分析。该模型由弗莱德·戴维斯（Fred Davis）于 1989 年在理性行为理论基础上提出，最初用于分析用户对于计算机的接受程度。该理论包括五个主要变量（见图 2 - 8），分别是感知有用性（perceived of use）、感知易用性（perceived easy of use）、用户接受态度（attitude of acceptance）、用户接受意愿（intention of acceptance）以及接受行为（behavior of acceptance）。其中感知易用性指用户对于新技术的操作方法难易程度的判断，即为了采用该种技术所付出的努力，感知有用性指采用某种新技术是可能对其工作增加效率的主观认知，接受意愿指个体面对新技术时想要采用的意愿，使用态度指个体对于某项新技术所表现出来的积极或消极的态度，接受行为是指个体对于某项技术最终的接受或拒绝决策。该理论的分析思路是：用户的接受行为是受到其接受意愿的影响，而接受意愿是受到接受态度的影响，接受态度则由感知有用性和感知易用性所共同决定，并且易用性会对有用性产生正向的影响，这两种因素是该模型的核心变量。而后有学者在模型的基础上不断拓展，引入各种可能对接纳行为产生影响的其他变量，使得模型不断完善。[231]~[232]

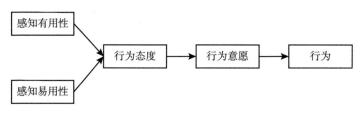

图 2-8　技术接受理论模型

2.2.4　外部性理论

外部性理论是现代西方经济学依据环境污染问题提出的一个理念，围绕外部性，包括马歇尔、庇古等众多经济学家均给出了概念，本书引用萨缪尔森的定义，即"外部性是指某些生产或消费对其他团体强征了不可补偿的成本，或者给予了不需要补偿的收益的一种状况"。

外部性具有以下特点：第一，外部性较难通过市场发挥作用。市场机制不能对破坏环境的行为给予处罚，也不能对保护环境的行为给予补偿，即使通过政策层面采用相关手段，规定对于破坏环境行为会给予处罚，但是存在监管成本过高、执行效果较差的问题，并且涉及面较广难以明确责任人。第二，外部性是一种外在的经济行为产生的"副产品"。经济行为对外部环境会产生影响，其中会有有利的影响，也会有不利的影响，而不论何种影响并不是农户行为的主要目的，通常是被忽略的行为结果，因此市场机制难以对其造成的成本外溢作出处罚，受到外部性影响，会出现资源划分不科学、配置效率低下、市场发展受阻等问题。

为减少外部性的负面影响，同时鼓励行为主体开展正外部性行为，经济学家提出了相应的解决方案：（1）征税。其主要是向污染环境的企业获取相应的排污水费用税收。这种形式最初是英国经济学家庇古提出的，也称为"庇古说"。（2）津贴。这是依据政府向存在污染行为的企业提供津贴，促使企业可以优化自身的环保设计，降低污染影响。但是这种方案也受到了大部分经济学家的反对，因为这种形式的最终结果就是国家承担了企业污染的成本。

本书所研究的对象是农户生产行为，其行为主要目的是为获得产出并增加收入，但在生产过程中需要对其行为产生的"副产品"予以关注，尽量减少其生产行为所造成的碳排放量并增加农业碳汇水平，以期为改善环境以及缓解全球温室气体增加作出贡献，因此农户开展相关生产行为会产生正外部性。但是农户不采用碳中和相关的生产方式，其目的也并不是增加农业碳排放量，很大程度上是缺乏相关的认识、技术与基础设施开展活动，因此在各方面条件成熟的情况下，农户必然会采用碳中和的生产方式。由于农业碳减排与碳增汇相关生产行为具有公共物品行为属性且具有较强的正外部性，呈现出社会收益高于个人收益的状况，并且存在相应的个人成本大于个人收益的情况，如果没有相应的补偿机制，最终行为难以落实。由此可知，在相关技术研发的同时，要通过政策措施给予激励与约束，实现外部性内部化，因此政府干预是必需的，行政手段与经济手段是其中主要方式干预方式。

2.2.5 激励理论

激励理论（Incentive theory）是行为科学中用于处理需要、动机、目标和行为四者之间关系的核心理论。[233]该理论通常用于研究如何调动行为人的积极性，进而对行为的发生产生驱动与强化的效果，是行为人的一种心理活动过程。激励理论大致分为三类：（1）早期的"需求"激励理论，也称为内容型激励理论，是对采取激励的原因与可起到激励作用的因素开展的研究，主要强调满足行为人的需求，因此是重点关注与激发动机的诱因。主要包括马斯洛的"需要层次论"、赫茨伯格的"双因素论"和麦克莱兰的"成就需要激励理论"、奥德弗的《ERG 理论》等。其中最具代表性的是马斯洛需要层次论，马斯洛认为人的需求是分等级的，并且需求是有由低级到高级的次序性，如果某一级的需求获得了满足，则外界激励不再起作用。因此，内容激励型的实现程序一般通过分析行为人所需，按照需求强弱将其排序，依次设计激励理论。（2）过程激励理论。这种激励理论是在内容激励理论上发展而来，从动态视角研究激励的作用，重点关注从动机向行为转化的过程，主要包括弗鲁姆的"期望理论"、豪斯的"激励力量理论"、洛克的"目标激励理论"和亚当斯的"公平理论"等。其中，期望理论认为激励水平取决于两点，分别是行为人付出努力后的满足感是否有意义，以及行为人所判断的达到预期结果的期望；公平理论则侧重于工资报酬分配的公平与合理性对职工的激励作用。因此，过程激励理论的研究关键在于研究各因素间的相互作用关系，并对其作用关系进行激励设计。（3）行为后果理论。行为后果激励理论是以行为后果为对象，研究如何对行为进行后续激励，这一理论包括强化理论和归因理论。[234]其中，强化理论强调对于有利正确的行为要进行鼓励与奖励，以激励其持续采纳该行为，即正强化；而对于无利错误的行为要进行惩罚与限制，以削弱该类型行为，即负强化。归因理论是分析行为产生原因的理论与方法总称，侧重于研究个人用以解释其行为原因的认知过程，亦即研究人的行为受到激励是"因为什么"的问题。因此需要综合不同的激励方式以便开展有利于农业碳中和的农户行为激励。

2.3 本章小结

依据本书的目的与内容，从研究对象入手界定了相关概念，并且借助农户行为相关理论、行为经济理论、外部性理论与激励理论，构建理论分析思路，为后文的实证研究奠定基础。结合前文分析的农户行为理论、行为经济学理论、外部性理论以及激励理论，结合我国资源要素结构，认为农户的生产行为会受到自身能力认识不足、规避风险、获得信息不全面等诸多因素的影响与制约，但是其行为选择是在充分考虑自身状况与外部影响的条件下所作出的"理性"决策。农户若发生采纳有利于农业碳中和的生产行为，需要对现有行为所造成的不利影响有充分认识，能够对有利于碳中和的生产行为可能达到的效果、投入的成本以及自身能力状况等内容进行准确且积极的评价，才会进一步产生意愿，并且在能够获得所需信息以及有良好的基础设施的前提下，最终才会产生行为。反之，如果缺乏碳中和生产行为的相关认识与感知，或主观持有消极的评价，或没有意愿，或缺乏相关的生产资料与信息等诸多状况中的任意一项，农户会选择放弃采纳行为。虽然农户放弃采纳有利于碳中和的生产行为并不是最优的，但是对于农户而言却是满意的，因为其实现了现有条件下的"效用最大化"。同时，基于"抗风险能力"弱的特点，风险规避的农户在行为决策时会反复思考最终的收益与损失，因此农户的生产行为是在收益保证情况下，追求效益最大化、风险最小化的结果。本章认为，农户开展有利于碳中和的生产行为具有有限理性的特性。

3 农户生产行为模型
构建与调查设计

农业碳中和是一个依托于农业"碳"循规律的低碳环保生产模式，通过减少农业生产中产生的碳排放量同时增加碳吸收量得以实现，农户作为农业生产主体，其行为通过影响生产过程中各物质的物理与化学变化，间接影响整体的碳中和实现水平，而这种有意识的行为形成是经过农户深思熟虑的结果，并且受到外界因素的影响。因此，本章在构建农业碳中和体系基础上探索了有利于农业碳中和的生产行为，并借助相关行为理论分析其行为形成机理，为后文以此为基础开展实证研究，在最后就问卷的设计流程与数据获取情况作了简要描述。

3.1 农业碳中和体系构建与驱动机制分析

本节以实现农业碳中和为目标，以农牧业交错带农业生产特点为基础，结合前文文献梳理所总结的农业碳减排与碳增汇途径，构建该区域内的农业碳中和体系，并借助"MA"分析框架，探索影响农业碳中和实现的直接与间接因素，从而明确农户生产行为与碳中和的关系，为后文农户生产行为的研究以及问卷设计与调研地区的选取指明方向。

3.1.1 农牧交错带的碳中和体系构建

依据碳中和的理念，实现碳中和的关键是减少新产生的碳排放量，同时对于已经产生的碳排放要通过各种渠道将其固定或吸收，使得一个生态系统内的碳净增长量为"零"，即中和。因此需要对农业的碳排放与碳吸收源头，以及增汇减排途径进行清晰的界定。

（1）农业碳排放体系

根据现有研究，农业主要的碳排放源是农地投入、牲畜养殖以及水稻种植三方面。结合研究农牧交错带种养兼具的生产特点，本章认为主要的碳排放源来自两个过程，分别为作物种植过程与牲畜养殖过程。首先，作物种植过程中，各类投入物的使用以及废弃物处理过程中产生的碳排放，包括直接与间接碳排放。直接碳排放的来源包括化肥、农药以及地膜的使用，间接碳排放的来源主要包括农用机械使用过程中柴油使用所产生的碳排放，农业灌溉过程中消耗电能引起化石燃料使用的碳排放，以及农业生产过程中翻耕活动对土壤碳库的破坏也会产生碳排放。其次，牲畜养殖过程中会产生大量的碳排放，其来源为两个方面：第一，动物肠道的发酵所产生的 CH_4 排放；第二，牲畜排放粪便所产生的 CH_4 以及 N_2O。由于水稻种植所需要的自然条件农牧交错带地区难以满足，即使有种植但面积并不大，因此这部分的碳排放量在本书研究中不涉及。

（2）农业的碳汇体系

农业碳汇途径主要有三种，分别是种植业碳汇、土壤碳汇以及畜牧业碳汇，三个碳增汇过程相对独立但又紧密相关。种植业碳汇量是指农作物生长全生命周期中的碳吸收量，即农作物通过光合作用形成的净初生产量（生物产量），因此，作物通过生长可以吸收空气中的 CO_2，但是若要实现固碳则需要借助土壤与牲畜养殖的碳汇能力；土壤碳库的输入主要分为两个部分，分别是农作物残体还田与人为添加的有机质物料，因此科学合理的田间管理措施会对农田有机碳储量产生较大的影响；通常将草原的碳汇能力视为畜牧业的碳汇水平[235]，但是自 2000 年起全面实施了禁牧政策，农牧交错带的牲畜养殖均改变为舍饲圈养模式，所以农户的生产行为对于草原碳汇水平不会再产生影响，故本章不将草原碳汇量列入本次核算体系，将牲畜粪肥还田水平视为畜牧业碳汇。

（3）农业碳中和体系

通过前文分析可知，农业碳排放主要的两个途径以及农业碳增汇的三个途径，为实现农业碳中和，需要构建相应的碳减排与碳增汇途径，即农业碳中和体系。其中，由于各类投入物对于粮食增产的重要作用，以及相关管理与施用技术的落后，化肥等投入产生的碳排放量是主要的农业碳源，因此种植业减排关键在于提高物质与能量的使用效率。[236]～[242]牲畜养殖过程中，受到饲料加工水平、养殖条件与技术水平的限制，牲畜反刍活动以及粪便管理过程均会产生大量的碳排放，因此提升饲料加工水平以及配比的科学合理性，有利于提升牲畜的采食量、适口性以及营养的吸收水平，例如进行青贮加工、秸秆粉碎与颗粒化加工措施、日粮合理的精粗配比以及适量使用营养添加剂。此外，通过对牲畜粪便进行覆盖处理、减少粪便堆放时间、调节粪便储存温度、厌氧出储存粪便措施均有利于减少粪便管理过程中的碳排放量。[243]～[249]影响土壤碳库碳排放量的因素较多，包括温度、季节、作物生长与田间管理方式，其中土壤CO_2的排放量表现为"冬季最低，夏季最高"。有学者研究表明，通过秸秆覆盖，可以降低土壤温度，进而减缓了土壤CO_2排放量，同时秸秆投入可以有效增加土壤有机质含量，秸秆中碳素能够促进有机质矿化，因此这种农业管理措施可以有效地加速秸秆中的碳素转化为土壤有机碳。[250]～[253]基于上述分析，本书总结实现农业碳中和有五个关键环节，分别是投入物使用环节、牲畜养殖环节、能源利用环节、作物种植环节以及废弃物处理环节。如图3－1所示，其中实线框表示农业碳排放途径，虚线框为农业减排与增汇途径。

3.1.2 碳中和农业实现的驱动因素分析

本节以生态环境演变的MA分析框架为基础，构建适用于本书的农业碳中和影响因素分析框架，将影响农业碳中和的因素分为直接驱动因素与间接驱动因素。

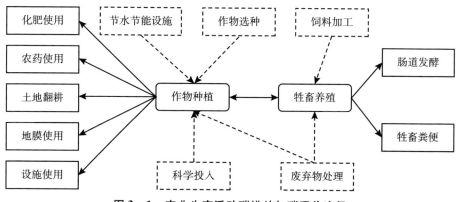

图 3-1 农业生产活动碳排放与碳吸收途径

（1）"MA"框架下的生态系统环境演变驱动机制分析

史蒂夫（Steve，2005）构建了生态环境演变的 MA 分析框架，该框架侧重评估生态系统与人类福祉之间的联系。其中的生态系统并非单一概念，包括不易受到干扰的生态系统（天然森林），人类混合模式的生态景观，以及人类密集管理与改造的生态系统（农业生态系统与城市生态系统）。生态系统所能给予人类的服务，是人类能够从生态系统中获得的利益，这些服务包括提供食物、水、木材等基础型服务，提供影响气候、洪水、疾病、废水和水质等调节型服务，提供包括娱乐、美学和精神利益等文化型的服务，以及例如土壤形成、光合作用与养分循环的支持性服务。人类通过各种行为与技术缓冲环境的变化，但本质上依赖于生态系统服务的流动。

开展引起生态系统与生态系统服务变化的积极与消极因素的研究，对于设计干预与推广措施起到关键的作用。该框架假定人类是生态系统中的组成部分，并且与其他部分之间存在着频繁的交互作用，但是随着人类需求与条件的改变，会间接地改变生态系统，进而会影响人类从生态系统中获得的服务。在 MA 框架中，将影响生态系统的"驱动因素"分为直接驱动因素与间接驱动因素，其中"直接驱动因素"可以明确且直接地影响生态系统，因此可以进行准确的识别与测量，主要包括物理、化学与生物影响因素。"间接驱动因素"所涉及的范围较广，通常通过改变一个或多个直接因素对生态环境产生影响，包括：人口变化（如人口规模、年龄和性别结构以及空间分布等），经济变化（如国民与人均收入、宏观经济政策、国际贸易与资本流动等），社会政治（如民主化、妇女作用、民间组织、私营部门等），科学技术（如研究与发展的投资效率、新技术的采用状况、生物技术与信息技术的比率等），文化与宗教（个人消费喜好、对事物的接纳程度与看法等），如图 3 - 2 所示。两种影响因素并不是孤立的，通常间接因素通过直接因素对生态环境起作用，该框架提出后得到了广泛的认可，国内也有学者采用该框架对中国面源污染的形成机制（梁流涛，2010）与农户生产行为对环境的影响机制开展研究（梁流涛，2016）。

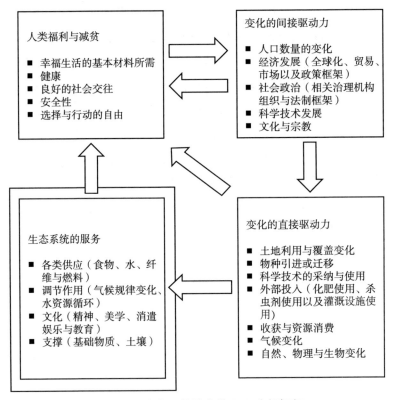

图 3 - 2 生态环境演变的 MA 分析框架

（2）实现碳中和农业的驱动因素分类

上述 MA 框架的分析思路为本节构建农户生产行为对实现碳中和农业的影响框架提供了很好的借鉴作用。通过对 MA 思路的延伸与拓展，将其用于分析实现农业碳中和过程中农户生产行为所起到的作用机理，如图 3 - 3 所示。农业碳中和水平的测度是农业生态系统中的一个组成部分，而农户作为其中最直接的参与者，其行为在实现农业碳中和以及执行科学的管控措施中扮演着重要的角色，碳中和农业的实现根植于农户的各类行为中，根据碳中和体系的五个构成部分，农户相应的行为会对实现农业碳中和起到间接的影响作用，如图 3 - 3 所示。

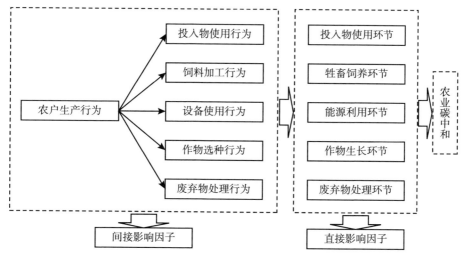

图 3 - 3　农户生产行为的 MA 分析框架

3.2　农户生产行为理论模型构建

农户相关生产行为对于实现碳中和农业会产生间接的影响作用，由于农户行为可观察、可改变、可控制，并且基于我国的农业生产群体仍以小农户为主的现状，探寻作为间接影响因素的农户生产行为并且深入

剖析其形成机理，可为实现碳中和农业制定相应的管理政策，规范农户
生产行为提供参考。农户生产行为的决策与实施受到诸多因素影响，在
某一特定背景下，类似的行为模型可以简化描述为潜在的驱动因子与行
为之间的关系，并且诸多研究证明在分析与预测影响个体行为的因素中
是有作用的。[254] 依托于不同的理论对于农户行为的研究结果较为丰富，
包括理性行为理论（TRA）、计划行为理论（TPB）、保护动机理论
（PMT）以及技术接受模型（TAM）构建碳中和生产行为理论模型。上
述理论所构建的模型在研究个体行为过程中可以包含需要研究的某一特
定行为，模型中考察因素较少方便进行测试与研究，正是由于模型的简
化的特性，在展开研究时会出现考察因素不完整的状况，因此农户个人
特质、家庭特征以及社会经济因素不可或缺[255]~[256]；并且受到资源与
文化差异的影响，区位因素也会被视为一种常见的因素[257]；此外，作
为行为先决条件的农户认知水平，也是重要的影响因素[258]~[259]。因此，
本章以计划行为理论作为基本的行为分析框架，结合实现农业碳中和的
相关生产行为的实际所需，构建了一个更加综合的行为分析框架用于分
析农户行为的形成与影响因素的分析。其中参考 TRA、TPB、PMT 以及
TAM 理论模型以及变量设置，结合不同模型的侧重点，构建具有兼容性
与互补性的模型。TPB 是在 TRA 模型基础上加入了主观行为控制因素，
使得模型的解释能力更加准确，并且由于计划行为理论模型具有开放性
与发展性特点[260]，诸多学者对其进行了拓展研究[261]~[262]，因此本书以
TPB 模型为基础，参考 PMT 与 TAM 中的个体的感知与认知因素，构成
了影响农户行为形成机理，如图 3 - 4 所示。

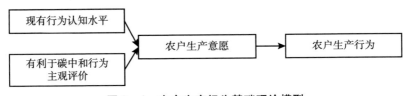

图 3 - 4　农户生产行为基础理论模型

3.3 碳中和农业相关的农户生产行为理论模型变量说明

有利于农业碳中和的农户生产行为是一种动机与目标很明确的意志行为，农户开展生产行为的目的是"效用最大化与风险最小化"，因此构建农户生产行为模型时认为，农户生产行为的发生决定于其生产意愿，并且受到客观影响因素与农户风险偏好的影响。意愿是农户的心理主观陈述，与 TPB、TAM 与 PMT 模型中的行为意向与行为意愿有着相同的含义，其形成主要受到两方面心理因素的影响，一个是农户对于现有行为威胁的认知与感知程度，另一个是农户对于将要采取行为所持有的主观评价，并且客观因素也会对意愿产生影响，如图 3-5 所示。

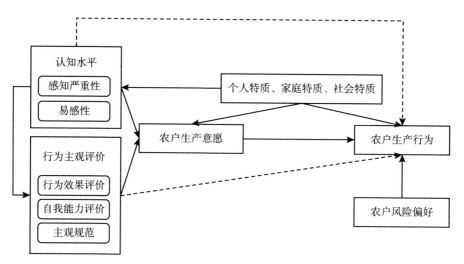

图 3-5 农户生产行为影响因素作用路径

（1）农户生产行为

此处农户生产行为并非特指一种生产行为，而是一系列有利于实现碳中和生产行为的总称，主要分为两类，一类是有利于减少碳排放的生产行为，另一类是有利于增加农业碳汇水平的生产行为。其中，有利于减少农业碳排放的生产活动包括科学合理地使用投入物，采用节水节能的农业生产机械与设施，以及依据牲畜生长状况进行饲料的加工与配比等措施。有利于增加农业的碳吸收途径包括选种绿肥作物，提高秸秆直接还田与过腹还田的效率，采取保护性耕作措施等方式增加土壤碳库含量。通过总结的减排增汇途径，本章所界定的有利于农业碳中和实现的生产行为共有五大类：投入物使用行为，饲料加工行为，机械与设施使用行为，作物选种行为以及废弃物处理行为，具体通过十个具体的行为进行考量，包括农药使用行为、化肥使用行为，秸秆还田行为、节水设施使用行为、绿肥作为选种行为、饲料加工行为、饲料配比行为、粪便处理行为以及死畜处理行为。依据理论分析，上述行为实际发生受到诸多因素的影响。首先，这种有意识的行为决定于其意愿，因此会出现高意愿高行为、高意愿低行为、低意愿低行为、低意愿高行为四种情况，在其中有促进性因素与阻碍性因素；其次，作为理性农户，其行为决策过程中会追求风险最小化的目标，因此农户的风险偏好会影响其行为的实施；再次，农户的认知水平与主观评价除通过意愿对行为产生影响，也会直接对行为产生一定的影响；最后，农户个人特质（年龄、学历、身体状况、风险偏好等），家庭特质（实际耕种面积、实际养殖水平、家庭劳动力人口数等），社会特质（科学技术服务、相关知识的宣传等）因素也会对农户碳中和生产行为产生影响。

（2）农户生产意愿

作为行为发生的前序过程，意愿一定程度上可以预示行为，但是意愿也决定于其他心理评估过程。依据计划行为理论中个体的行为意向受到行为态度、主观规范与知觉行为控制的影响，保护动机理论中个体的意愿受到威胁评估与评估应对两个方面的影响，技术接受模型中个体的意愿受到行为态度的影响。本书所界定的碳中和生产意愿是一个包括投入物使用、技术选择、生态保护等多维度有利于实现农业碳中和的综合意愿，该意愿的形成需要农户对现有生产水平以及生产条件状况有一定的认知水平，对行为预判、能力水平高低以及外界社会对个人行为发生造成的影响有着合理的评估，多种因素的影响下促成农户的生产意愿。

（3）认知水平

农户的认知水平，是指对现有的生产行为对农业碳中和影响的一种认识与评估，主要分为严重性认知以及易感性的评估。严重性认知是指农户对现有农业生产过程所造成负面影响的评估，易感性认知是指现有生产方式对未来的产量、质量与生产条件可能产生威胁的评估。这种认知过程是农户获得信息、信息加工进而将信息运用的过程，是一个包括感觉、知觉、记忆、想象的过程。农户接收到外来输入的信息经过头脑的加工，转化为内心的活动进而形成意愿，最终对个体行为进行支配。认知过程是一个主观与客观的转化过程，即将客观现实表现在主观感受的过程。

（4）行为主观评价

行为主观评价是指个体对执行行为自身水平的一种综合评价，包括行为效果评价，自我能力评价以及主观规范。行为效果评价是对于行为可能产生结果的一种积极或消极的评价，具体包括四方面的内容，即"增收效果评价""增汇效果评价""减排效果评价"以及"口碑效果评价"；自我能力评价是个体对于实施某种行为难易程度的判断，包括其对于自身学习能力评价、时间与资金投入承受能力评价、实操能力判断等内容；主观规范即个体在实施某种行为时所感受到来自社会的压力，主观规范受到规范信念与顺从动机的影响，农户在采取碳中和生产过程中一方面可以提高产品质量、改善生态环境、实现农业的可持续发展；另一方面会面临自然环境、价格不定、逆向选择等风险，因此农户在信息不全面的条件下，会受到来自家人、周围邻里、村集体与政府的影响。

（5）农户风险偏好

小农户有着本身风险承受能力较弱的特点，同时还需要面对来自市场双重风险的农业产业，会由于个人特质拥有不同的风险偏好。通常将农户的风险状况分为三类，即风险偏好、风险中立以及风险厌恶，具体可以细化为高风险偏好、中等风险偏好、低风险偏好、风险中立、低风险厌恶、中等风险厌恶、高风险厌恶七种类型。不同的风险偏好类型农户在行为决策时会有着不同的选择。

（6）外界客观影响因素

客观存在的各类影响因素，包括生产决策者及其家庭成员所拥有的自然与社会资源，具体包括个人特质、家庭特质以及社会特质。个人特质包括性别、年龄、受教育水平等特征，家庭特征包括家庭耕地面积、牲畜养殖数量以及年总收入等特征，社会特质包含相关技术培训、社会组织。上述特征会直接对农户的行为与认知水平产生影响，具体的影响程度与方向将在后续的章节结合实证分析详细展开。

3.4　问卷设计与数据获取

为达到研究的目的以及对构建的理论模型与研究假说进行验证，结合农户生产行为理论模型框架及各类影响因素，开展问卷的设计、调研地区的选取与调研数据的收集非常重要。

3.4.1　问卷设计流程

为保证问卷的有效性并且能够获得研究所需要的数据，调研问卷的设计主要考虑了以下几个方面。第一，问卷设计要做到简洁与逻辑清晰。通过研究发现，当受访者对于题目较为感兴趣并且回答难度不大时，会比较愿意配合调研工作，因此在设计问卷时要做到问题清晰明了，并且问题前后要有关联，有助于受访者回答。第二，问卷的题目要符合调研目的要求以及受访者特征，此次开展调研的地区是农牧交错带，不但在生产方式与自然资源上具有特点，在文化与语言上也有独特性，因此问卷需要翻译为蒙语与汉语两种语言，以方便运用。第三，问卷的设计要适合应答者，尽可能避免专业术语多运用简单的日常用语，以减少由于不理解与误解所造成的误差。第四，设计中尽量避开难以获得真实回答的问题，通过转换提问方式或者设计互验式的问题获取真实所需的数据。

本问卷是在理论模型的基础上，结合论文研究假说，借鉴相关文献问卷以及咨询相关领域专家展开了设计。在第一版问卷设计完成后，作者于 2019 年 6～7 月前往调研区域开展了前期的预调研工作，发现问卷中许多开放性问题农户很难做出全面具体的回答；同时，调研区域耕地较为散碎，农户开展相关活动都是整体租用农业机具，因此机械燃油的使用量农户不得而知；并且，一个旗县化肥农药的使用量基本一致。所以预调研后针对许多存在的问题进行了修改，并且针对预调研的问卷进行了信效度的检验，针对性增加与删减了一些提问效果较差的问题。

3.4.2　研究区域选取与概况

调研地区的选择要具有代表性，本书选取内蒙古自治区通辽市的三个旗县作为调研地区，主要基于以下几个原因[①]：

第一，通辽市是我国北方农牧交错带的典型代表区域。内蒙古农牧交错带是中国北方农牧交错带的重要组成部分，其北起大兴安岭西麓呼伦贝尔市，向南至通辽市与赤峰市，沿长城向中南部延展。通辽市位于内蒙古高原与辽河平原的斜坡处，属于中温带、干旱与半干旱、大陆性季风性气候，其特点为春季干旱多风，夏季炎热且降雨集中，秋季凉爽时短，冬季漫长寒冷降雪少。北部山区年均温度 0～6℃，中部平原为 5～6℃，南部地区为 6℃以上。全市年降水量在 305～485mm，降水时段主要集中在 6～8 月。光能资源丰富，年日照时数 2 868～3 111h，作物生长期（4～9 月）日照时数为 1 577～1 709h，热量资源适宜于农牧林业发展，雨热同期的气候特征有利于作物生长以及有机物积累。具有农

---

① 以下相关数据来源于通辽市人民政府官方网站、通辽市统计局及相关旗县官方网站，具体经作者整理得来。

牧交错带的典型特征。

第二，通辽市是内蒙古农牧业大市，种植养殖规模庞大，造成的碳排放量巨大。2018年通辽市全市完成地区生产总值（GDP）1 301.6亿元，按可比价格计算，比上年增长4.1%。其中，第一产业增加值270.5亿元，增长1.8%；第二产业增加值345.1亿元，增长1.4%；第三产业增加值686.0亿元，增长6.6%，第一产业所占比重为20.8%，较全国7.2%的平均水平高出13.6%，表明该地区的第一产业结构仍占有较大比重。2018年全市播种总面积1 467.51万亩，粮食作物播种面积1 226.03万亩，位于全区种植面积的第二位，总化肥施用量以及农药使用量分别为62.20万吨、0.7万吨，单位面积施用量位于全区第一位；牲畜年末存栏量为871.90万头只（口）；其中牛208.63万头、羊536.74万只、猪114.16万口，牲畜养殖数量庞大。农牧业发展所造成的农业碳排放量巨大。

第三，通辽市所属的奈曼旗、开鲁县以及科尔沁左翼后旗的种植养殖规模属于内蒙古自治区前列，能够代表通辽地区的种植养殖发展状况。通辽市辖1个市辖区、1个县级市、1个县、5个旗、1个经济技术开发区，即科尔沁区、霍林郭勒市、开鲁县、科尔沁左翼中旗、科尔沁左翼后旗、奈曼旗、库伦旗、扎鲁特旗、通辽经济技术开发区。其中奈曼旗的粮食产量、肉类产量分别在全自治区排名第11位与第12位；开鲁县的粮食产量、肉类产量在全自治区排名均为第8位；科尔沁左翼后旗的粮食产量、肉类产量分别在全自治区排名第9位与第13位。其中科尔沁左翼后旗位于内蒙古通辽市东南部，辖19个苏木镇场，与辽宁、吉林两省四县（市）毗邻，总面积11 570平方公里。总人口40.15万，有蒙、汉、回等19个民族聚居，其中蒙古族占75.24%，是内蒙古自治区县域蒙古族人口居住最集中的地区之一。自20世纪中期开始，坚持以西门尔塔尔牛为改良方向，通过运用先进的科学技术，培育了独特的科尔沁黄牛。1990年，科尔沁黄牛被内蒙古自治区人民政府命名为"科尔沁牛"乳肉兼用品种；2002年被国家科委、农业部联合命名为"中国西门塔尔牛——草原类型群"乳肉兼用品种。2018 年，全旗黄牛饲养量达 81 万头，基础母牛繁殖率提高到 90%，被列入全国养殖大县名录。种植青贮 170 万亩，收储饲草料 100 亿斤，培育标准化养牛示范村 72 个、肉牛标准化规模养殖场（合作社）29 个。开鲁县位于内蒙古自治区通辽市西部，地处西辽河冲积平原腹地，属温带大陆性半干旱季风气候，全县总区域面积 4 488 平方公里，辖 12 个镇（场）、1 个街道办事处、261 个行政村（分场）、10 个社区居委会，总人口 40 万，有汉、蒙、回、满等14 个民族。全县现有耕地 182 万亩，粮食产量达 30 亿斤；牧业年度家畜存栏 341.6 万头（只）。开鲁县是国家高效特色农业示范县、全国农田水利建设先进县、全国粮食生产先进县，中国北方县域最大的红干椒生产集散地，享有"中国红干椒之都"的美誉，是正在崛起的具有全国知名度的玉米生物科技产业基地。奈曼旗位于通辽市西南部，地处广袤的科尔沁沙地腹地，东与库伦旗、科尔沁左翼后旗交界，南与辽宁省阜新市、北票市接壤，西与赤峰市的敖汉旗、翁牛特旗毗邻，北与开鲁县隔西辽河相望，全旗面积 8 137.6 平方公里，总人口 44 万。全旗粮食生产功能区为 178 万亩（玉米 170 万亩、小麦 3 万亩、水稻 5 万亩），重要农产品生产保护区为 5 万亩（大豆）。

3.4.3 数据获取与样本特征

（1）数据收集方式

本次调研的数据采集工作，主要采取实地观察、入户问卷调研以及访谈等方式展开。针对研究区域的经济发展水平、农牧业生产状况、气候降水情况、种植养殖规模与水平、农牧业补贴政策、农牧业保险政策与现阶段农牧业发展存在的问题等各类宏观数据信息，主要通过实地观察以及对当地各级政府部门进行访谈进而获取相关数据信息。针对农户个人的认识、意愿以及具体的生产行为，考虑农户的文化层次以及民族地区的语言问题，为保证问卷的真实与有效性，全部采用一对一的面谈方式，根据问卷的问题当场填写问卷。面谈方式主要通过预约上门方式或随机入户的方式进行调查，找到调查对象后，首先向农户说明来意，并且就专业性较强的内容向农户进行简单的科普，以保证农户能够较为诚实地回答问卷上提出的问题；其次，由于本次调研的问题多为农户的认识、主观意愿与行为等问题，为保证问卷获得的信息具有更好的有效性，在询问农户所属乡镇（苏木）村（嘎查）、姓名、联系方式以及调研日期后，提问从问卷的 G 部分开始询问至卷末，随后返回问卷的 A 部分开始询问，直至 F 部分；最后，通过实验法测度农户风险偏好。在结束问卷的询问工作后，针对其他未尽事宜向农户进行询问。

（2）样本问卷情况

最终的问卷调研工作于 2019 年 11 月展开，延续至 2020 年 1 月。本次调研活动共发放问卷总量 867 份，由于调研均为面对面的询问式调研，所以问卷实现了全部回收，回收率为 100%，经过筛选其中信息完整的有效问卷合计 821 份，回收问卷有效率为 94.69%。无效问卷主要分为以下几个类型：第一，访问的农户年龄较大，难以理解问卷所提出的问题，或者多年不进行生产，对近些年的生产方式已经非常生疏，再或者土地与牲畜均交由儿女进行管理，对实际的生产状况并没有清晰的了解；第二，访问者为家庭主妇，对于农牧业的生产的具体环节不清晰，针对提出的问题不能够给出明确的答复；第三，访问者为年轻的农户，虽然具有农村户口，但是几乎没有进行过农业生产，虽然对于环境变化有一定的感知，但是所作出的回应并不具有参考性。因此对于这类型的问卷被视为无效问卷，本次研究选择放弃使用。

821 份问卷来自通辽市的三个旗县，分别是科尔沁左翼后期、开鲁县与奈曼旗，随机分布在三个旗县的 5 个乡镇与苏木，分别是朝鲁吐镇、开鲁镇、吉日嘎郎吐镇、大沁他拉镇、固日班花苏木，共有 24 个村子（嘎查），分别是朝鲁吐嘎查、阿木塔嘎嘎查、那林塔拉嘎查、嘎拉达迟嘎查、恰克吐嘎查、两家子村、新艾里村、昂海村、翁古其村、杨秀峰村、五家村、戴家窑村、王家店村、新荣村、新风村、辽富村、哈沙图村、双河村、西湖村、哈沙吐嘎查、珠日干白兴、查干淖尔、窑努呼嘎查、伊和达沁嘎查。

（3）样本个体特征描述

本次调查样本中男性所占比例较大，占总体样本数的74.54%。户主年龄最小为21岁，最大为75岁，从调研户主的年龄结构分布来看较为均衡，其中40～49岁的数量偏多，占总体样本的28.87%；其次为30～39岁的人群，占总体样本的28.62%；60岁以上人群在总体样本中占到3.9%的比例；50～59岁的人群与小于30岁人群所占比例相似，分别占比为18.27%与20.34%。样本中主要以蒙古族与汉族人口为主，其中蒙古族占比最多，比重为58.95%，其次为汉族，占比为39.22%。调研农户的文化程度整体偏低，主要集中在初中及以下的水平，占比达到86.72%，其中小学及以下所占比重为33.13%，初中水平占比为53.59%；拥有高中或中专、大专文化水平的人均只占样本总体的5.85%；拥有本科及以上教育经历的人群占比为7.43%。调查样本中的身体健康状况较为良好，非常健康与比较健康的人群占比达到48.96%；仅有3.9%的人群完全丧失了劳动能力，其余28.87%的群体患高血压、心脏病等常见慢性病，但是不影响正常的农业生产活动。样本中村干部占比12.06%，党员占比为12.91%，有45.31%的农户进行兼业生产，有54.69%的农户单纯从事农业生产活动（见表3－1）。

表3－1　　　　　　　　　　样本个体特征描述

统计指标		占比（%）	统计指标		占比（%）
性别	男性	74.54	年龄	39～30岁	28.62
	女性	25.46		30～18岁	20.34
年龄	60岁以上	3.90	民族	汉族	39.22
	59～50岁	18.27		蒙古族	58.95
	49～40岁	28.87		满族	1.10

续表

统计指标		占比（%）	统计指标		占比（%）
民族	回族	0.73	兼业状况	不从事兼业	54.69
村干部	是村干部	12.06	教育水平	文盲	15.59
	非村干部	87.94		小学毕业	17.54
健康状况	丧失劳动能力	3.90		初中未毕业	8.28
	具有严重慢性疾病	18.27		初中毕业	45.31
	有常见慢性病	28.87		中专与高中	12.06
	比较健康	28.62		大专与本科	1.22
	非常健康	20.34	党员	是党员	12.91
兼业状况	从事兼业	45.31		非党员	87.09

表 3 - 2 显示了农户的家庭的基本信息情况，在接受调研的农户中，家庭人口数多为 3 口与 4 口，占比分别是 28.87% 与 27.89%。但是实际从事农业生产的人口数最多为 2 口，占样本总体比率的 79.29%；其次为 1 口，占比为 8.56%。家庭收入状况差距较大，最高收入为 20 万元，最低为 0.5 万元；大多数农户家庭收入在 8 万元以上，占比为 31.18%；其次为 2 万~4 万元，占比为 27.65%；最少为 6 万~7 万元，占比为 8.77%。

表 3 - 2   样本家庭人口与收入特征

统计指标		占比
家庭人口数	2 口以内	10.35%
	3 口	28.87%
	4 口	27.89%
	5 口	18.64%
	6 口	11.21%
	6 口以上	3.05%

续表

统计指标		占比
家庭劳动力数	1 口	8.65%
	2 口	79.29%
	3 口	5.60%
	4 口	5.12%
	4 口以上	1.34%
家庭收入	2 万元以下	15.47%
	2 万~4 万元（含 2 万元）	27.65%
	4 万~6 万元（含 4 万元）	16.93%
	6 万~7 万元（含 6 万元）	8.77%
	7 万元以上	31.18%

表 3 - 3 显示调研地区耕地状况，其中农户的实际耕地面积均值为
45.23 亩/户，最大面积为 550 亩，最小面积为 0 亩，其中占比最为集中
的为 50 ~69 亩，实际耕地面积达到 70 亩以上的农户占比只有 12.67%；
农户分配的人口地，户均 28.36 亩/户，拥有耕地面积 10 亩以下占比最
多，比例为 31.55%。农户耕地普遍不集中，最少为 1 块地，最多为 11
块地，地块数在 1 ~2 块的比例仅为 22.66%；户均拥有的地块数为 3 ~4
块地，占比为 41.17%。样本中肉牛养殖数量最多的为 200 头，最少的
为 0 头，多数农户的养殖规模在 10 头及以下，占比为 41.29%；其次为
30 头以上的规模，占比为 20.71%，其余占比均等。

表 3 - 3 　　　　　　　　　样本家庭耕地与牲畜养殖特征

统计指标		占比
实际播种面积	70 亩以上	12.67%
	69 ~50 亩	27.77%
	49 ~30 亩	22.05%

续表

统计指标		占比
实际播种面积	29~10 亩	16.44%
	10 亩以下	21.07%
拥有耕地面积	40 亩以上	20.71%
	39~30 亩	29.23%
	29~20 亩	11.57%
	19~10 亩	6.94%
	10 亩以下	31.55%
拥有的地块数	2 块及以下	22.66%
	3~4 块	41.17%
	5~6 块	21.68%
	6 块以上	14.49%
肉牛养殖头数	10 头及以下	41.29%
	11~15 头	14.37%
	16~20 头	11.57%
	21~30 头	12.06%
	30 头以上	20.71%

3.5 本章小结

　　本章以碳中和理念为基础构建农牧交错带地区的碳中和体系，认为农业碳中和的实现途径为减少农业的碳排放量与增加农业的碳汇量，并且通过五个环节具体实现，分别是投入物使用环节、牲畜养殖环节、能源利用环节、作物种植环节以及废弃物处理环节。借助"MA"框架分析实现碳中和农业的驱动因素，主要分为直接驱动因素与间接驱动因素，其中，直接驱动因素通过物理与化学变化对碳中和水平产生影响，而间接驱动因素通过作用于直接因素，间接对农业碳中和水平产生影响，农户生产行为是主要的间接影响因素。基于影响农业碳中和的直接因素，总结出五类有利于农业碳中和实现的生产行为，分别是投入物使用行为，饲料加工行为，机械与设施使用行为，作物选种行为以及废弃物处理行为。而农户生产行为的发生受到诸多因素的影响，借助行为理论模型，结合农牧交错带农户的生产实际，本章构建了农户生产行为分析模型并选取了相关变量，认为行为决定于意愿并且会受到农户禀赋的影响，意愿则决定于农户认知水平与行为评价。其中认知水平通过严重性认知与易感性认知两个方面进行衡量；行为评价则通过行为效果预判、自我能力评价与主观规范三个部分进行评价。最后依托于行为分析框架与研究所需，阐述了问卷的设计流程、调研地域的选取依据以及数据的获得情况。

4 农户行为认知水平与行为主观评价研究

依托于农户生产行为分析框架，农户对现有行为阻碍农业碳中和实现的认知水平与有利于农业碳中和相关行为的评价水平，是决定农户生产意愿的主要心理因素，也是农户开展有利于农业碳中和生产的基本因素，认知水平越高、行为主观评价越积极，越有利于开展相关的生产行为。因此，本章以认知水平与行为评价水平现状描述为基础，选取相关变量，并且借助计量分析模型，对影响两者的相关因素进行探究，以期提高农户的认知水平，同时对有利于农业碳中和的相关行为产生积极评价。

4.1 农户行为认知现状与影响因素分析

4.1.1 认知分类与考察

认知并不是一个单独的概念，是一个系统的过程，包括感觉、知觉、记忆、思考、想象与语言等过程。具体而言，个体获得并且运用各类知识的过程始于感觉与知觉。感觉是对事物属性与特性的认识，更加强调对事物的感觉，包括色彩、质地与属性等，而知觉则是对抽象事物整体性、关联性的一种认识。个体通过感觉与知觉所获得的信息与知识，并不会马上消失而是会形成记忆，这种记忆会伴随着现有的知识水平进行推理与判断，形成个人独有的认知，随后会利用自己的语言将个体的认知表达出来（西蒙，1976）。本章对认知水平的考察是农户对现有行为与碳中和之间关联性的认知，主要通过两个方向进行考察，分别是严重性认知与易感性认知。农户认知水平的高低会直接影响其生产的意愿，进而间接对生产行为产生影响。

威胁因素所带来的严重性是指，农户对于现有生产行为不利于碳中和实现的严重性状况的认识，这种认识是农户个体的主观感受，所以不同农户有着各自的判断标准。例如，有些农户文化程度比较高，对于自然界物质循环规律了解较多，能够清楚地理解农业生产活动中的碳排放与碳汇途径；有些农户比较关注环境的变化，与相关宣传接触较多，能够就农业生产活动对大气、土壤与水分所造成的影响有一定的认识，这些农户可以对现有行为不利于实现碳中和的认识较为清晰明确。而有些农户则不以为然，认为农业生产活动是与自然界正常的能量循环，不会产生多余的碳排放至空气中，这种"事不关己"的心态会弱化部分农户对于农业生产造成碳排放量，减少农业碳汇量的认识。易感性是指农户所感知受到危险因素的威胁或者是生产行为造成严重后果的可能性大小。

为清晰准确地了解农户严重性认知水平，本书共设计了七个问题进行考察，分别是："$G1-1$：现阶段农药使用方式对于农业碳排放量的增加有没有影响；$G1-2$：现阶段化肥的使用方式与用量对于农业碳排放量的增加有没有影响；$G1-3$：土地的翻耕过程对于农业碳排放量的增加有没有影响；$G1-4$：牲畜养殖过程对于农业碳排放量的增加有没有影响；$G1-5$：粪便露天堆放对于农业碳排放量的增加有没有影响；$G1-6$：不进行轮作对于土壤碳库的减少有没有影响；$G1-7$：不进行秸秆还田对于土壤碳库的减少有没有影响"。回答的选项采用李克特五点量表的方式进行选项设计，即将选项设计为："1＝没有影响"，"2＝影响很小"，"3＝一般"，"4＝稍有影响"，"5＝影响严重"。对于农户易用性认知状况的调研，同样设计了七个题目进行考察，分别是："$G2-1$：农药使用会造成碳排放量增加的可能性；$G2-2$：化肥的使用会造成碳排放量增加的可能性；$G2-3$：土地的翻耕过程会造成碳排放量增加的可能性；$G2-4$：牲畜养殖过程中会造成大量的碳排放的可能性；$G2-5$：粪便露天堆放会造成大量的碳排放的可能性；$G2-6$：不进行轮作会减少土壤碳库含量的可能性；$G2-7$：秸秆不还田会减少土壤碳库含量的可能性"。回答的选项采用李克特五点量表的方式进行选项设计，即将选项设计为："1 = 肯定不会"，"2 = 应该不会"，"3 = 一般"，"4 = 应该会"，"5 = 一定会"。

4.1.2 农户行为认知现状分析

为保证描述的准确性，在对认知现状进行描述前，将会对文献的有效性与可信度进行验证。

（1）农户认知水平的信度与效度分析

①信度检验。

信度分析也称为可靠性分析，是指测验量表工具所测得结果的稳定性（stability）及一致性（consistency）的检验，即对所设计问卷是否能够准确稳定地测量所测的事物与变量的检验，或者可以理解为对样本是否真实作答题项的检验，其中量表的信度越大，相应的标准误越小。测度信度的方法很多，常用方法为克隆巴赫（L. J. Cronbach）所创的 α 系数法，α 系数值界于 0 至 1 之间，综合诸多学者的看法，该系数的指标判断如表 4-1 所示。

表 4-1　　　　　　　　　克隆巴赫系数评价表

Cronbach 系数	量表设计评价
$\alpha < 0.5$	非常不理性，舍弃
$0.5 \leqslant \alpha < 0.6$	不理想，重新编制或修订
$0.6 \leqslant \alpha < 0.7$	勉强接受，增列题项

续表

Cronbach 系数	量表设计评价
$0.7 \leqslant \alpha < 0.8$	可以接受
$0.8 \leqslant \alpha < 0.9$	信度较好
$\alpha \leqslant 0.9$	非常理想

其中，项目总体相关系数（corrected item-total correction，CITI）指标可以对测量题项是否具有较好的一致性进行判定，以达到净化题目的作用，预测试时通常会使用"校正的项总计相关性"这一指标。一般认为 $CITI \geqslant 0.5$，表明变量的调研数据具有较好的一致性。

利用 SPSS23.0 统计软件，对农户行为严重性认知与易感性认知调研数据进行测量，其 Cronbach 系数分别为 0.896 与 0.910，如表 4 – 2 所示，量表设计非常理想，量表设计可信。

表 4 – 2 认知水平可靠性统计

量表	Cronbach's α	基于标准化项的 Cronbach's α	项数
G1	0.896	0.900	7
G2	0.910	0.912	7

此外，利用统计软件对每个题项的总体相关系数进测度，结果如表 4 – 3 所示，各测量指标的 CITI 指数均大于 0.5，因此没有必要对题项进行删除。

表 4 – 3 认知变量总体相关系数

变量	修正后的项与总计相关性	变量	修正后的项与总计相关性
G1_1	0.687	G1_4	0.705
G1_2	0.724	G1_5	0.791
G1_3	0.709	G1_6	0.609

变量	修正后的项与总计相关性	变量	修正后的项与总计相关性
G1_7	0.713	G2_4	0.676
G2_1	0.718	G2_5	0.772
G2_2	0.699	G2_6	0.815
G2_3	0.738	G2_7	0.714

综上所述，农户严重性认知与易感性认知的量表均有较好的信度，可以开展后续验证与研究。

②效度检验。

效度检验是对问卷有效性的一种测量，指能够测到该测验所预测的心理或行为特质到何种程度，如果结果与欲测得的内容越吻合，则效度越高，反之越低。效度不能通过实际测量得到，只能通过现有的信息作出逻辑推理以及从现有的研究文献作出统计检验分析。本节利用SPSS23.0软件对调研数据进行分析，首先以 Kaiser - Meyer - Olkin（KMO 系数）与巴特利特球度检验（Bartlett's 球形检验）法对个指标进行探索性因子分析，以此判断是否适合进行因子分析，如果数据适合进行因子分析，则继续利用主成分分析法提出主成分，根据 Kaiser（1960）的观点，保留特征值（eigenvalue）大于 1 的因素，并且执行因素分析时 KMO 系数判断标准如表 4 - 4 所示（Kaiser，1974）。此外，Bartlett's 球形检验的卡方值显著性概率小于 0.05 时则为有效监测变量。

表 4 - 4   KMO 系数判别表

KMO 统计量	判别说明
0.9 以上	极适合进行因素分析
0.8 以上	适合进行因素分析
0.7 以上	尚可进行因素分析
0.6 以上	勉强可进行因素分析

续表

KMO 统计量	判别说明
0.5 以上	不适合做因素分析
0.5 以下	非常不适合因素分析

对农户的严重性认知与易感性认知测量量表进行 KMO 系数测度与 Bartlett's 球形检验，结果如表 4 – 5 所示，其 KMO 系数分别为 0.927 与 0.935，Bartlett's 球形检验的卡方值分别为 2 966.188（自由度为 21）与 3 337.271（自由度为 21），显著性概率值 $P = 0.00 < 0.05$，拒绝虚无假设，即拒绝净相关矩阵不是单元矩阵的假设，接受净相关矩阵是单元矩阵的假设，代表总体的相关矩阵间有共同因素的存在，适合进行因素分析。

表 4 – 5 　　　　　　　　　　认知水平 KMO 值与巴特利特检验

量表	KMO	巴特利特球形度检验		
		近似卡方	自由度	显著性
G1	0.927	2 966.188	21	0.000
G2	0.935	3 337.271	21	0.000

通过主成分分析进行因素分析，表示每个初始变量共同性以及抽取主成分后的共同性，抽取后共同性越低，表明该变量越不适合投入主成分中，反之越高越适合投入主成分中，并且表示该变量越有影响力。若提取数值低于 0.2 可以考虑将题目删除，如表 4 – 6 所示，本次测度发现各变量提取后的值均大于 0.5，并且没有低于 0.2 的题项。

表 4 – 6 　　　　　　　　　　认知性量表公因子方差

变量	初始	提取	变量	初始	提取
G1_1	1.000	0.599	G1_3	1.000	0.629
G1_2	1.000	0.649	G1_4	1.000	0.624

变量	初始	提取	变量	初始	提取
G1_5	1.000	0.742	G2_3	1.000	0.665
G1_6	1.000	0.501	G2_4	1.000	0.579
G1_7	1.000	0.635	G2_5	1.000	0.708
G2_1	1.000	0.638	G2_6	1.000	0.763
G2_2	1.000	0.613	G2_7	1.000	0.630

提取方法：主成分分析法。

表 4-7 为采用主成分分析法抽取主成分的结果，两个量表均抽取了一个主成分，严重性认知与易感性认知的累计解释方差分别达到 62.557%与 65.648%，表明提取的主成分对于原始数据具有较好的代表性。

表 4-7　　　　　　　　　　认知性量表主成分分析结果

变量	成分	初始特征值			提取载荷平方和		
		总计	方差百分比	累积（%）	总计	方差百分比	累积（%）
G1	1	4.379	62.557	62.557	4.379	62.557	62.557
	2	0.604	8.624	71.182			
	3	0.462	6.595	77.777			
	4	0.445	6.360	84.137			
	5	0.429	6.123	90.260			
	6	0.391	5.585	95.845			
	7	0.291	4.155	100.000			
G2	1	4.595	65.648	65.648	4.595	65.648	65.648
	2	0.523	7.476	73.124			
	3	0.464	6.626	79.750			
	4	0.417	5.962	85.712			
	5	0.386	5.518	91.230			
	6	0.334	4.765	95.995			
	7	0.280	4.005	100.000			

通过表4-8可知因子载荷系数，从 $G1-1$ 至 $G1-7$ 共7个解释变量负载在公因子上的载荷系数均大于0.7，从 $G2-1$ 至 $G2-7$ 共7个解释变量负载在公因子上的载荷系数大于0.7，以上结果均表明本次测量量表通过了效度检验，所选的7个测量变量能够有效测量农户的认知水平，可继续用于后续计量分析。

表4-8　　　　　　　　　认知性量表因子载荷系数

变量	成分[a]	变量	成分
	1		1
$G1\_5$	0.861	$G2\_6$	0.874
$G1\_2$	0.806	$G2\_5$	0.841
$G1\_7$	0.797	$G2\_3$	0.815
$G1\_3$	0.793	$G2\_1$	0.799
$G1\_4$	0.790	$G2\_7$	0.794
$G1\_1$	0.774	$G2\_2$	0.783
$G1\_6$	0.708	$G2\_4$	0.761

提取方法：主成分分析法。
a. 提取了1个成分。

（2）严重性认知现状描述

基于农户严重性认知的信效度检验，对样本受访者进行描述性统计，结果如表4-9所示。样本受访者对于严重性认知属于中等水平，7个题目的平均值均大于3，最大值为3.942，最小为3.058。

表4-9　　　　　　　　　严重性认知描述性统计

测量题目	样本量	平均值	标准差	最小值	最大值	峰度	偏度
$G1\_1$	821	3.169	1.200	1	5	-1.022	-0.172
$G1\_2$	821	3.942	1.404	1	5	-0.342	-1.064
$G1\_3$	821	3.058	1.664	1	5	-1.705	-0.015

测量题目	样本量	平均值	标准差	最小值	最大值	峰度	偏度
$G1\_4$	821	3.633	1.594	1	5	-1.212	-0.673
$G1\_5$	821	3.929	1.360	1	5	-0.376	-0.992
$G1\_6$	821	3.334	1.659	1	5	-1.621	-0.305
$G1\_7$	821	3.224	1.118	1	5	-0.861	-0.256

由图 4 - 1 可知，农户对于化肥使用会造成碳排放增加的认知程度最高，样本中有 52.86% 的农户表示会造成严重的影响，20.64% 的农户认为会稍微有一定的影响，总计 73.33% 的农户认为化肥使用会造成碳排放的增加。实地调研访问可知，农户普遍感知近些年的化肥使用量不断增加，对环境的影响最为明显，根据调研活动普及的碳排放的概念，农户的赞同程度较高。其次农户认知程度较高的题目是"粪便露天堆放会产生大量的碳排放"，有 51.52% 的农户表示会产生严重的影响，有 18.15% 的农户认为会有较小的影响，由于堆放的粪便会产生一定的异味，农户可以有较为直观的感受。同样认知程度较高的"牲畜的养殖会产生大量的碳排放"，有 47.5% 的农户认为影响较为严重，17.3% 的农户认

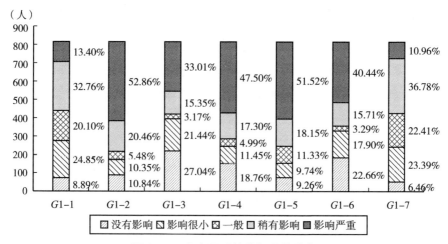

图 4 - 1　农户严重性认知现状分布

为有一定的影响，因为农户对于养殖有着较为丰富的经验，对牲畜的反刍活动较为了解，因此对该题目了解较为深入。

（3）易感性认知现状

基于农户易感性认知的信效度检验，对样本受访者进行描述性统计，结果如表4-10所示。样本受访者对于易感性认知程度属中等水平，7个题目的平均值均大于3。

表4-10 易感性认知描述性统计

测量题目	样本量	平均值	标准差	最小值	最大值	峰度	偏度
G2-1	821	3.341	1.511	1	5	-1.398	-0.291
G2-2	821	3.755	1.267	1	5	-0.593	-0.930
G2-3	821	3.485	1.539	1	5	-1.318	-0.473
G2-4	821	3.635	1.570	1	5	-1.214	-0.655
G2-5	821	3.782	1.370	1	5	-0.755	-0.785
G2-6	821	3.401	1.652	1	5	-1.520	-0.414
G2-7	821	3.393	1.620	1	5	-1.478	-0.415

由图4-2可知，农户认为上述严重性较易发生的是"粪便堆放容易造成大量的碳排放"，有43.85%的农户认为一定会发生，16.32%的农户认为可能会发生。同样有64.31%的农户认为"养殖活动会造成大量碳排放"会有发生的可能。这与近些年农户牲畜养殖规模不断扩大有关。有62.36%的农户认为化肥的使用也会增加碳排放的可能性，因为过度使用化肥的原因，有些农户表示近些年对化肥的需求不断增加，由此造成的威胁会越来越明显。

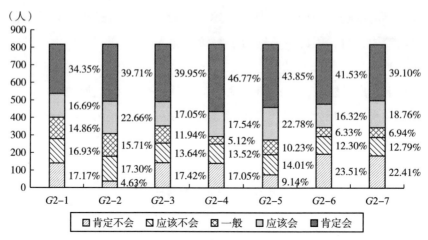

图 4－2 农户易感性认知现状分布

4.1.3 农户行为认知水平影响因素分析

依据文献综述中影响农户认知水平的研究回顾，本书从农户的个体特征、家庭特征与社会特征中选取相关变量，开展其对于农户认知水平的研究。

第一，农户的个人特征包括户主的性别、年龄、受教育程度以及党员与村干部的身份。在调研过程中发现，当前进行农业生产的劳动力仍以男性为主，由于男性承担着养家糊口的责任，因此会获得更多农业生产领域的相关知识与宣传，由于其关注点集中于增产与增收问题，所以男性的行为认知水平可能较高，但是并不明显；随着农户年龄的增加，受到身体状况劳动能力的限制，对于新知识与概念的理解和接纳程度有可能较低，在生产过程中更愿意维持现状或找寻更加省力的生产方式，因此其认识程度会随着年龄的增加而降低；教育水平的高低会影响农户学习与理解能力，因此预期与认知水平呈正相关；具有党员与干部身份的农户，由于接触各类宣传与学习的机会增多，并且较其他农户有着更高的责任意识，因此预期对于碳中和生产的认知程度更高。

第二，农户家庭特征方面也会对农户的认知程度产生影响。家庭人口数越多，维持生计的难度越大，因此就行为对碳中和影响程度的认知越低；家庭实际耕种面积对于行为认知的影响不确定，一方面农户的耕种面积越大，其面临的风险也随之增加，农户会采取保守的方式进行耕作，对于碳中和生产方式的认知程度较低；另一方面，耕种面积越大越有利于实现规模化效益，相应有更多实现碳中和生产的条件，为追求更加长效的发展机制获得更好的收益，农户会学习更多的生产知识，因此农户的认知性可能更高；农户家庭的收入水平越高，农户可以有更好的经济基础购买硬件设施，学习更多的农业生产技术，因此农户的认知水平越高。

第三，社会参与程度主要包括农户参与培训的频率以及农户与周围邻里的交流频率。农户参加的培训越多，所学习到的技术与知识也相应增多，其认知程度也会相应较高；农户参加村集体事务讨论的频率越多，所接触到的人群更加广泛，接收信息的渠道不断拓宽，对于碳中和生产的认知也相应较高。

综上所述根据本书需求，本书选取农户个人与家庭经营特征（农户性别、年龄、受教育程度、家庭实际耕种面积、家庭拥有的牲畜数），社会参与特征（是否参与相关培训，是否经常参加参与村集体相关事务）作为影响因素，探寻影响农户认知水平的影响因素。

（1）计量模型构建

国内外对影响农户认知的各类因素展开了丰富的谈论，为本书的研究提供了丰富的借鉴经验，但在强调经验研究的同时，也需要通过实证研究进行理论验证，故在前文研究基础上，选取相关变量开展定量分析。依据理论分析框架，以农户认知程度作为被解释变量，以农户的性别、年龄、教育水平、党员与村干部的身份，农户家庭的实际耕种面积、家庭人口数以及家庭收入水平，农户是否经常参加村集体活动与农户是否参加相关技术的培训为解释变量建立多元回归模型。为减少异方差，对解释变量中实际耕种面积与农户的收入水平进行对数处理使得数据更加平稳。根据研究需求与变量的特征，选用如下计量模型进行分析：

$$Y_{ij} = \alpha x_1 + \beta x_2 + \gamma x_3 + \delta x_4 + \varphi x_5 + \theta x_6 + \rho \log x_7 + \vartheta \log x_8 + \omega x_9 + \pi x_{10} + \varepsilon$$

模型中 Y_{ij} 代表第 j 个地区农户 i 认知程度，x_1 为被访者性别，x_2 为受访者年龄，x_3 为受访者的受教育程度，x_4 为受访者是否为村干部身份，x_5 为受访者是否为党员身份，x_6 为受访者实际的耕种面积，x_7 为家庭人口数，x_8 为受访者家庭年收入，x_9 为农户参加村集体事务讨论的频率，x_{10} 为是否参与过相关的生产技术培训。α 与 ε 分别是常数项与随机误差项。其中，依据现有研究与本书调研问卷的设计，本书设定农户认知程度的评估模型：

$$Y_{ij} = \sum_{j=1}^{n} X_{ij} \times W (1 \ll Y \ll 5)$$

式中 Y_{ij} 为农户对于认知程度的得分。X_{ij} 表示第 i 个农户在 j 题的选择得分，选项共分为 5 个程度，从 1 至 5 得分越高表示农户对于该题的认知程度越高。W 为权重，由于 g_1 与 g_2 所涉及的题目没有差别，所以赋予一样的权重，所以 W 的取值为 1/14。

（2）计量结果分析

通过 SPSS23.0 软件对模型进行估计，得到农户认知程度影响因素的实证分析的结果，如表 4-11 所示。根据回归结果可知，x_3、x_9 与 x_{10} 在 1% 的水平上显著，x_6 在 5% 的水平上显著，x_8 在 10% 的水平上显著，均与农户认知水平呈正相关，其他变量均不显著。VIF 值均小于 2，变量之间不存在线性相关。

表 4-11　　　　农户认知水平影响因素的多元线性回归结果

变量	标准化系数	t-统计量	显著性
x_1	0.005	0.144	0.886
x_2	0.028	0.762	0.446
x_3	0.129 ***	3.493	0.001
x_4	-0.037	-0.832	0.406

变量	标准化系数	t - 统计量	显著性
x_5	− 0.050	− 1.143	0.254
x_6	0.095 **	2.481	0.013
x_7	− 0.044	− 1.221	0.222
x_8	0.069 *	1.803	0.072
x_9	0.103 ***	2.831	0.005
x_{10}	0.096 ***	2.784	0.005

注: * 、 ** 、 *** 分别表示在 10% 、 5% 与 1% 的水平上显著。

由表 4 - 11 可知, 农户的受教育水平越高, 相应的理解能力与分析能力更强, 效率更高, 因此相应的农业碳中和相关行为认知水平越高。农户若经常参加村集体事务的讨论, 会有更多与村干部及其他农户交流的机会, 交换信息的内容与频率也不断增加, 所以对农业碳中和相关行为认知水平越高。农户参与过相关的生产知识培训, 懂得的生产技术越多, 获得的生产信息越多, 因此对农业碳中和相关行为的认知水平越高。农户实际的种植面积越大, 为追求更高的产量与更好的效益, 会主动寻求更多的学习机会, 因此获得信息越多, 对农业碳中和相关行为认知水平越高。随着农户收入水平的增加, 一方面农户有更多的资金可供其购置新型的生产机械, 安装新型的灌溉设备, 购买效果更好的投入物, 无形中农户的认知水平得到了提升; 另一方面, 农户为获得更高的收入, 会拓宽个人的交际圈与信息获取渠道, 同时认知水平也会增加。年龄对于农户认知水平的影响并不显著, 但是两者呈现正相关, 因为农户随着年龄的增加经验越来越丰富, 因此对碳中和认知程度会有所增加, 但是年轻农户也会通过多种媒介与平台获得信息, 但是经验的作用更为明显, 因此结果不显著。性别对于认知水平的影响也不显著。一方面, 在本次调研的受访者中女性比例仅为 25% , 可能导致内在规律难以挖掘; 另一方面, 男女地位逐渐平等, 农业机械化程度的不断提升, 女性所承担的农业生产责任也逐渐增多, 因此女性的认知程度也不断提升, 性别对认知程度的差异并不明显。受访农户的党员与村干部身份对认知水平的影响并不显著，这是由于样本中两种身份所占比例较小的缘故，党员身份与村干部身份受访者只占样本总量的 12.91% 与 12.06%。家庭年人口数与农户认知水平关系并不显著，家庭人口越多，所面对的生计难度越大，户主关注的主要是增产增收，对于碳中和相关的认知水平较低。

4.2 农户行为主观评价现状与影响因素分析

农户行为评价是在认知的基础上，结合自身实际与其他影响因素，作出的一种判别过程。该过程包括一系列的判别内容，即行为效果的预判，自身能力水平的判别以及个体感受到周围农户的压力状况，这一系列内容会直接对意愿产生影响，并且三者之间会产生相互作用，同时还会受到包括农户禀赋、家庭禀赋与相关知识储备等因素的影响，本节将对农户现有的行为评价做出描述，并且探究其相关的影响因素。

4.2.1 行为主观评价分类与问题设置

行为评价过程主要由三个评价指标组成，分别是行为预期、自我能力评价与主观规范。行为预期是指农户对于采取某项行为可能产生的效果的一种估计，本书主要通过四个方面进行度量，分别是：$I1-1$"碳中和行为未来可以增加农业收入"，$I1-2$"碳中和行为可以有效增加农业的碳汇量"，$I1-3$"碳中和行为可以有效减少农业的碳排放量"，$I1-4$"碳中和行为可以有助于本人获得良好的口碑"。回答的选项采用李克特五点量表的方式进行选项设计，即将选项设计为："1 = 没有影响"，"2 = 影响很小"，"3 = 一般"，"4 = 稍有影响"，"5 = 影响严重"。自我能力评价是指农户发生某一行为时的难易程度与所具有的可控能力，即个体对某行为的意志控制力，本书通过 6 个指标进行衡量，分别是：

*I*2 - 1 "实现碳减排的技术与方法比较容易掌握而且容易操作"，*I*2 - 2 "增加农业碳汇的技术与方法比较容易掌握而且容易操作"，*I*2 - 3 "能够承担实现碳中和农业所需要投入的成本"，*I*2 - 4 "能够承担碳中和农业生产所需投入的时间"，*I*2 - 5 "如果认真学习一个新的技术，一定能学会"，*I*2 - 6 "如果在生产过程中出现一些小的问题，是否能够自行解决"。主观规范是指农户发生某项行为时所感受到的来自外界的压力，这种压力主要来自其周围重要的人、组织与制度，克拉第尼（Claldini，1991）将其分为两类分别是指令性与示范性的主观规范，本书设置 6 个指标对农户主观规范进行衡量，分别是：*I*3 - 1 "您在学习新的农业技术时会不会考虑周围人对您的看法"，*I*3 - 2 "技术员上门推广与指导相关的生产方式，我会考虑采用"，*I*3 - 3 "如果政府推广相应的技术，我会采用相应的方式开展生产"，*I*3 - 4 "邻居采用了相关的生产方式，我也会采用相应的方式"，*I*3 - 5 "如果村干部带头采用碳中和生产方式，我也会采用相应的方式"，*I*3 - 6 "亲朋好友如果采用碳中和生产方式，我也会采用相应的方式"。自我能力评估与主观规范的回答选项均采用李克特五点量表的方式进行选项设计，即将选项设计为："1 = 肯定不会"，"2 = 应该不会"，"3 = 一般"，"4 = 可能会"，"5 = 肯定会"。

4.2.2　行为主观评价现状分析

（1）行为评价的信度与效度分析

①信度分析。

行为评价由 3 个量表构成，通过 SPSS23.0 统计软件对三个量表进行检验，如表 4 - 12 所示其 Cronbach's α 分别为 0.893、0.879 与 0.885，量表的信度较好，表示设计可信。

表 4 – 12 行为评价可靠性统计

量表	Cronbach's α	基于标准化项的 Cronbach's α	项数
I1	0.893	0.897	4
I2	0.897	0.897	6
I3	0.885	0.892	6

通过项目总体相关系数对测量题目的一致性进行判定，如表 4 – 13 各量表的 CITI 指数均大于 0.5，因此没有必要对题项进行删除。

表 4 – 13 行为评价变量总体相关系数

变量	修正后的项与总计相关性	变量	修正后的项与总计相关性
I1_1	0.740	I1_3	0.723
I1_2	0.801	I1_4	0.818
I2_1	0.712	I2_4	0.704
I2_2	0.734	I2_5	0.752
I2_3	0.714	I2_6	0.711
I3_1	0.722	I3_4	0.706
I3_2	0.792	I3_5	0.660
I3_3	0.675	I3_6	0.713

②信度分析。

对农户行为评价测量量表进行 KMO 系数测度与 Bartlett's 球形检验，结果如表 4 – 14 所示，其 KMO 系数分别为 0.838、0.914 与 0.907，Bartlett's 球形检验的卡方值分别为 1 987.398（自由度为 6）、2 563.439（自由度为 15）与 2 522.400（自由度为 15），显著性概率值 $P = 0.00 < 0.05$，拒绝虚无假设，即拒绝净相关矩阵不是单元矩阵的假设，接受净相关矩阵是单元矩阵的假设，代表总体的相关矩阵间有共同因素的存在，适合进行因素分析。

表 4 – 14   行为评价 KMO 与巴特利特检验

量表	KMO	巴特利特球形度检验		
		近似卡方	自由度	显著性
*I*1	0.838	1 987.398	6	0
*I*2	0.914	2 563.439	15	0
*I*3	0.907	2 522.400	15	0

通过主成分分析法进行因素分析，如表 4 – 15 所示发现各变量提取主成分后的数值均大于 0.6，并没有低于 0.2 的题项，没有需要删掉的题目，表示所有变量均适合进行主成分分析。

表 4 – 15   行为评价量表公因子方差

变量	提取	变量	提取
*I*1_1	0.731	*I*1_3	0.708
*I*1_2	0.800	*I*1_4	0.818
*I*2_1	0.647	*I*2_4	0.638
*I*2_2	0.677	*I*2_5	0.700
*I*2_3	0.650	*I*2_6	0.648
*I*3_1	0.664	*I*3_4	0.642
*I*3_2	0.749	*I*3_5	0.587
*I*3_3	0.609	*I*3_6	0.652

表 4 – 16 为采用主成分分析法抽取主成分的结果，每个量表均抽取了一个主成分，行为预期、自我能力评价与主观规范量表的累计解释方差分别达到 76.429%、66.007% 与 65.056%，表明提取的主成分对于原始数据具有较好的代表性。

表 4 – 16 行为评价量表主成分分析结果

变量	成分	初始特征值			提取载荷平方和		
		总计	方差百分比	累积（%）	总计	方差百分比	累积（%）
I1	1	3.057	76.429	76.429	3.057	76.429	76.429
	2	0.415	10.365	86.793			
	3	0.282	7.044	93.838			
	4	0.246	6.162	100.000			
I2	1	3.960	66.007	66.007	3.960	66.007	66.007
	2	0.468	7.808	73.815			
	3	0.434	7.237	81.052			
	4	0.419	6.981	88.033			
	5	0.374	6.240	94.273			
	6	0.344	5.727	100.000			
I3	1	3.903	65.056	65.056	3.903	65.056	65.056
	2	0.562	9.359	74.415			
	3	0.424	7.075	81.490			
	4	0.417	6.955	88.445			
	5	0.398	6.628	95.072			
	6	0.296	4.928	100.000			

通过表 4 – 17 可知因子载荷系数，I1 量表中 4 个解释变量，I2 量表中 6 个解释变量以及 I3 量表中 6 个解释变量负载在公因子上的载荷系数均大于 0.7，以上结果均表明本次测量量表通过了效度检验，所选的解释变量能够有效测量农户的行为预期、自我行为预判以及主观规范，可以用于后续继续进行计量分析。

表 4 – 17 行为评价量表因子载荷系数

变量	成分	变量	成分
	1		1
I1_4	0.904	I1_1	0.855
I1_2	0.895	I1_3	0.842

变量	成分	变量	成分
	1		1
I2_5	0.837	I2_6	0.805
I2_2	0.823	I2_1	0.805
I2_3	0.806	I2_4	0.799
I3_2	0.865	I3_4	0.801
I3_1	0.815	I3_3	0.780
I3_6	0.808	I3_5	0.766

提取方法：主成分分析法。

a. 提取了 1 个成分。

（2）行为效果评价现状描述

行为效果评价的信度与效度检验结果较好，通过表的描述性统计可知各测量题目的均值均大于 3，表明农户对于碳中和行为效果评价普遍较高，其中农户对碳中和行为可以减少碳排放的认可程度较高，但是对增加收入的认可程度较低（见表 4 – 18）。

表 4 – 18　　　　　　　　　行为效果评价描述性统计

测量题目	样本量	平均值	标准差	最小值	最大值	峰度	偏度
I1 – 1	821	3.324	1.101	1	5	– 0.481	– 0.442
I1 – 2	821	3.473	1.426	1	5	– 1.229	– 0.407
I1 – 3	821	3.927	1.296	1	5	– 0.319	– 0.969
I1 – 4	821	3.529	1.156	1	5	– 1.063	– 0.222

由图 4 – 3 可知，50.3% 的农户并不赞同实行碳中和行为对于增收效果的评价，农户普遍感知进行碳中和生产会增加农业生产成本，并且降低农业的收入，但是仍有 49.7% 的农户认为会增加农业收入，其持有的观点是执行相关的行为会获得相应的补贴，并且得到改善的农业生产环

境会使得农业产出增加，进而使农业收入增加。90.53%的农户表示不论是减少化肥与农药的使用，还是对牛粪进行覆盖等一系列的碳中和生产行为，均可以直观感受其对于减少农业产生的碳排放量的效果，仅有18.3%的农户认为没有效果。碳中和行为对于增加土壤碳库含量以及提升农户良好口碑的作用，分别有55.18%与52.61%的农户持认同的观点。

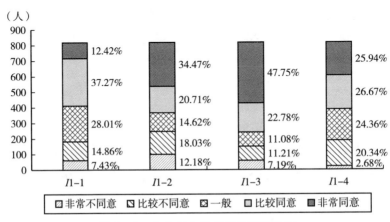

图 4-3 农户行为效果评价现状分布

（3）自我能力评价描述

基于对自我能力评价的基础上对其展开描述性统计分析，通过表4-19可知各测量题目的均值均大于3.7，其中最大达到3.943，表明农户对于实施碳中和行为的自我能力判断普遍较高。

表 4-19 自我能力评价描述性统计

测量题目	样本量	平均值	标准差	最小值	最大值	峰度	偏度
$I2-1$	821	3.859	1.191	1	5	-0.576	-0.754
$I2-2$	821	3.752	1.091	1	5	-1.057	-0.394
$I2-3$	821	3.821	1.146	1	5	-0.694	-0.635
$I2-4$	821	3.786	1.118	1	5	-0.715	-0.574

测量题目	样本量	平均值	标准差	最小值	最大值	峰度	偏度
I2 – 5	821	3.882	1.119	1	5	−0.919	−0.566
I2 – 6	821	3.943	1.090	1	5	−0.291	−0.809

如图 4 – 4 所示, 71.14% 对于平时生产与养殖过程中出现的小问题, 例如出现常见的虫害、叶黄、长势虚弱、牲畜感冒、口蹄疫等, 农户可以"对症下药", 自行解决上述各种问题。68.21% 的农户表示, 对于减少农业碳排放的技术与方法, 例如较少使用投入物、改变投入物的使用方式、使用节水灌溉设施以及改变牲畜饲料的投喂比例等, 上述方式很容易学习与操作。分别有 66.02% 与 64.92% 的农户表示能够承担所需要投入的资金与时间成本, 但也分别有 17.42% 与 17.05% 的农户明确表示实现碳中和行为的资金需求和时间投入自己难以承担。65.17% 的农户认为只要自己努力, 就可以掌握新的技术与方法, 但 15.71% 的农户表示自己难以掌握新的技术, 这与样本中文盲人群比例 15.59% 相似, 实际调研中这部分群体的农户也表示自己对于学习新的知识与技术能力很差, 由于文化水平较低相应的理解与学习能力也会变弱, 因此对于学习新的知识与技术也没有信心。

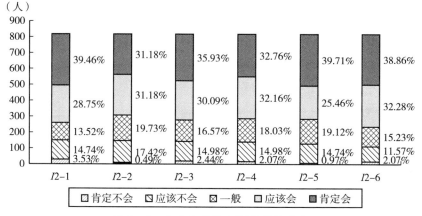

图 4 – 4 农户自我能力评价现状分布

（4）主观规范现状描述

基于主观规范信度与效度测量通过的基础上，对其展开描述性的统计分析，通过表 4 - 20 可知农户的主观规范程度较高，均值高于 3.5，最大值达到 3.994。

表 4 - 20   主观规范评价描述性统计

测量题目	样本量	平均值	标准差	最小值	最大值	峰度	偏度
$B - 1$	821	3.540	1.631	1	5	- 1.507	- 0.464
$B - 2$	821	3.994	1.028	1	5	- 0.231	- 0.784
$B - 3$	821	3.741	1.078	1	5	- 0.710	- 0.400
$B - 4$	821	3.762	1.266	1	5	- 0.670	- 0.707
$B - 5$	821	3.899	1.117	1	5	- 0.658	- 0.658
$B - 6$	821	3.872	1.134	1	5	- 1.060	- 0.528

通过分析表明，49.33%的农户非常容易受到周围人际关系变化的影响，同时依据规范的分类，$B - 2$ 与 $B - 3$ 分别属于指令性的规范，$B - 4$、$B - 5$ 与 $B - 6$ 分别属于示范性的规范。如图 4 - 5 所示，指令性规范中，技术人员给予农户技术指导农户会更加愿意学习采用碳中和的生产方式，其中 39.46% 与 32.16% 的农户表示一定会以及应该会采用碳中和生产方式，这种方式具有针对性强的特点，并且农户学习效果好，掌握程度高。而通过政府推广相关的技术，农户的跟随程度明显低于技术人员的指导，31.3% 的农户表示一定会积极地响应，26.43% 的农户表示应该会响应，这部分农户中有部分人群的出发点并不是单纯地为改善农业生产技术或实现农业碳中和，其目的是获得政府的补助。而在示范性的主观规范中，不论邻居、亲朋好友开展相关生产行为还是村干部带头采用碳中和生产行为，农户的跟随效果相似，分别有 38.25%、40.32% 与 46.29% 的农户表示一定会跟随，其中村干部起到的示范效应效果更好。

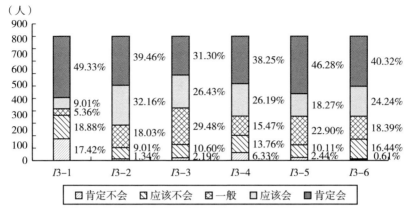

图 4 - 5 农户主观规范评价现状分布

4.2.3 行为主观评价影响因素实证分析

（1）研究假说的提出

行为评价的综合指标是农户的心理活动过程，分别对碳中和行为的效果预期、主观规范的大小以及自我能力水平的高低进行主观的判断。农户的主观评判过程受到内外多种因素的影响，并且行为评价的三个量表之间也会产生相互的影响。农户的行为效果评价是对有利于碳中和和生产行为效果的一种直观的判断，是对生产行为持有的一种消极或是积极的态度，如果农户对生产行为的积极作用表示认可，则会给予农户产生一种正向的激励，进而影响农户的自我能力评价与主观规范程度。同时，农户的自我能力评价较高，相应的农户有着较高的主观规范，农户会更加积极主动地跟随示范作用，并且遵守相关政策与要求。同时本书认为，碳中和概念涉及的范围较为广泛，对农户相关知识的储备要求较高，因此认为相关知识储备的水平越高，对于其进行行为评价有着积极的作用。基于上述分析，提出如下假说：

H1：行为效果的评价会对自我能力评价产生显著的正向影响。

H2：行为效果的评价会对主观规范产生显著的正向影响。

H3：自我能力评价会对主观规范产生显著的正向影响。

H4：知识储备对行为效果产生显著的正向影响。

H5：知识储备对自我能力评价产生显著的正向影响。

H6：知识储备对主观规范评价产生显著的正向影响。

农户作为一个相对独立却又具有社会属性的统一体，在发生行为评价时会受到内在与外在多方面的影响，依据现有研究本书认为行为评价会受到包括农户个人特征、家庭特征、耕地特征、政策特征与生存环境特征等因素的影响[263]~[264]，程琳（2014）针对各类影响因素展开了详细的讨论，发现年龄、专业化程度、目标实现对于农户行为态度有积极的影响，分别呈现负相关、正相关，接受专业培训则对于行为态度没有显著影响；农户的受教育程度、获得质量认证与社会压力对其主观规范有正向影响；参加合作组织与资源条件对农户的行为控制均产生正向影响，但是受教育程度对于行为控制的影响不显著。因此本书认为农户的个人特征、家庭特征与社会参与程度均会对农户的行为评价产生影响，并且对于行为效果评价、自我能力评价以及主观规范的作用效果不一样。[265]

（2）变量选取与计量模型构建

本节在理论分析的基础上，选取相关变量进行定量分析，以探寻农户行为评价各变量之间的关系以及外在影响因素对变量的影响。

①行为评价的测度。

针对行为评价包括的行为效果评价、自我能力评价以及主观规范三部分内容，依据现有研究与本书调研问卷的设计，衡量每部分评价内容使用以下等式：

$$Y_{iq} = \sum_{j=1}^{n} X_{ij} \times W, \ (1 \ll Y_{iq} \ll 5, \ 1 \ll X_{iq} \ll 5)$$

式中 Y_{iq} 为行为效果、自我能力评价与主观规范的最终得分。X_{ij} 为第 i 个农户在 j 题上的得分，问卷中每个题目共五个选项，从 1~5 分别表示对于问卷中所提出问题的认可程度越来越高。W 为权重，此处的取值分别为 1/4、1/6 与 1/6。

②其他变量设定。

此处引入碳中和知识储备变量，考察其对行为评价三个指标的影响状况。对于碳中和知识储备的考察，本节设计了 7 个问题，分别是：$Z1$ "您是否了解低碳生产的含义"，$Z2$ "您对于温室气体与温室效应的了解程度"，$Z3$ "您是否了解节水灌溉措施的内容与具体操作方式"，$Z4$ "您是否了解保护性耕作措施的内容"，$Z5$ "如果出现土壤质量下降，您有什么方法改良土壤（休耕、使用有机肥料、种植豆类作物改良土壤、多垫黑土）"，$Z6$ "您是否了解沼气池技术"，$Z7$ "您是否了解太阳能、风能等清洁能源"。相应的选项为："1 = 没有听说过，2 = 不了解，3 = 了解一点，4 = 基本了解，5 = 非常清楚"，其中对 $Z5$ 题项，提供了 4 种该区域农户最常用的 4 种碳中和式的改良方式，农户若完全没有方法则计 1 分，采用了其中一种方法则计 2 分，若全部了解则计 5 分。

借鉴现有研究成果，本节从农户的个人特征、家庭特征与农户的社会参与程度对行为评价的影响进行分析。本节认为农户的个人特征中，农户的性别、年龄、兼业化与否、教育水平会对行为评价产生影响。从农户性别角度而言，由于男性在社会中，特别在农村仍扮演着主导作用，不论是村干部中的比例还是所访问的样本中，男性的比例明显高于女性，同时本次对农户拥有的社会资本的调查发现，男性所拥有的社会资本量明显高于女性，相应的男性社交范围更加广泛，因此男性对于行为评价可能会高于女性。而年龄对于行为评价可能会产生负向的影响，因为随着年龄的增长，农户获取信息的渠道逐渐减少，接受知识的能力越来越低并且更加保守，对行为进行评价时更加愿意按照以往的经验进行选择与判断。如果被调研农户具有兼业属性，即开展除农业生产以外的生产活动，相应的农业生产熟练程度与农业专业知识均体现出不足的特点，因此对于农业生产行为会产生消极评价。农户受教育水平在此处并不能进行准确的评价，因此设置了知识储备的量表对其作用进行测评。家庭特征方面选取实际耕地面积、劳动人口数以及家庭收入水平展开研究，本节认为家庭实际耕种的面积越大，从事农业生产的人数越多以及家庭收入水平越高，所掌握的资源与获得信息的渠道越多，因此这些因素与行为评价成正相关的关系。农户的社会参与程度本节选用农户对于政策的认可程度进行测评，本节选取了利于碳中和的禁牧政策、退耕还林政策、豆类种植补贴政策对农户进行访谈。此外加入地区控制变量以判别不同地区对农户行为判断的差异。

（3）计量模型的构建

①结构方程模型。

由于行为效果、自我能力评价与主观规范这些衡量指标均不能通过直接观察获得，基于这一特性本节选用结构方程模型对其进行评估。结构方程模型是一种可以处理不能直接观察变量之间关系的统计学方法，该模型由两个部分构成，分别是测量模型（measurement model）与结构模型（structural model）。其中，测量模型用于描述潜变量如何被显性指标所测量或概念化，即潜变量与测量指标之间的关系；结构模型用于描述潜变量之间存在的关系，以及模型中其他变量无法解释的变异量部分。从本质上而言，结构方程模型是一种验证性而非探索性的模型分析，它试图利用实证资料确认假设的潜在变量间的关系，以及潜在变量与显性指标一致性的程度。该方法整合了因子分析法与路径分析两种方法，对于处理多个变量之间的结构关系有着较好的效果，并且克服自变量之间的共线性问题。其测量方程的表式如下：

$$Y = \Lambda_Y \eta + \varepsilon$$
$$X = \Lambda_X \xi + \sigma$$

其中，Y 为内生指标组成的向量；X 为外源指标组成的向量；Λ_Y 为内生指标及其潜变量之间的关系，即内生指标在其潜变量上的因子负荷矩阵；Λ_X 为外源指标及其潜变量之间的关系，即外源指标在其潜变量上的因子负荷矩阵。

结构模型的方程表达式，即潜变量 η 与 ξ 之间的关系如下：

$$\eta = B\eta + \tau\xi + \delta$$

其中，η 为内生潜变量，τ 为外源潜变量对内生潜变量的影响，ξ 为外源潜变量，δ 为结构方程残差；并且 ξ 与 δ 无相关存在。

②多元线性回归模型。

依据理论分析框架，分别以农户行为效果评价、自我能力评价以及主观规范作为被解释变量，以地区差异作为控制变量，以农户的性别、年龄、教育水平以及兼业状况，农户家庭的实际耕种面积、劳动人口数以及家庭收入水平，农户对政策认可程度为解释变量建立多元回归模型，如表 4 – 21 所示。为减少异方差，对解释变量中实际耕种面积与农户的收入水平进行对数处理使得数据更加平稳。根据研究需求与变量的特征，选用多元线性回归模型进行分析，构建如下计量模型：

$$Y_{ij} = \alpha x_1 + \beta x_2 + \gamma x_3 + \delta x_4 + \varphi x_5 + \theta x_6 + \rho \log x_7 + \vartheta \log x_8 + \omega x_9 + \varepsilon$$

表 4 – 21　　　　　　行为评价影响因素变量定义与统计特征

变量		变量定义	均值	标准差	预计方向
地区变量	地区名称	1 = 科尔沁左翼后旗；2 = 开鲁镇；3 = 奈曼旗	2. 111	0. 823	—
个人特征	性别	男性 = 1；女性 = 0	0. 669	0. 471	正向
	年龄	实际年龄	47. 384	10. 312	负向
	兼业与否	兼业 = 1；不兼业 = 0	0. 453	0. 498	负向
家庭特征	种植规模	实际耕种面积的对数	3. 414	0. 972	正向
	家庭人口数	实际家庭人口数	2. 112	0. 693	正向
	收入水平	实际农业收入对数	10. 499	0. 985	正向
社会参与程度	政策效果评价	1 = 效果很差；2 = 效果不好；3 = 一般；4 = 效果不错；5 = 效果非常好	4. 308	1. 054	正向

（4）计量结果分析

行为评价的三个量表已在前文进行了信效度检验，结果良好，此处对知识储备的信效度进行检验，结果如表 4 – 22 和表 4 – 23 所示，知识储备的 Cronbach 系数值为 0.910 表示量表效果非常好，KMO 值为 0.931，球性检验的 P 值小于 1% 的水平，同时主成分分析中提取了一个主成分，累计平方和为64.015%，表明量表的信度较好，问题具有一致性，总结而言知识储备量表的信度与效度均较为理想，可以进行结构模型分析。

表4－22   知识储备信效度检验系数

量表	Cronbach's α	KMO 值	巴特利特球形度检验
知识储备	0.910	0.931	3156.289（$P < 0.01$）

表4－23   知识储备的主成分分析结果

变量	成分	初始特征值			提取载荷平方和		
		总计	方差百分比	累积（％）	总计	方差百分比	累积（％）
Z	1	4.481	64.015	64.015	4.481	64.015	64.015
	2	0.550	7.853	71.868			
	3	0.500	7.148	79.016			
	4	0.441	6.299	85.315			
	5	0.400	5.715	91.030			
	6	0.359	5.132	96.162			
	7	0.269	3.838	100.000			

利用 AMOS23.0 对行为效果评价、自我能力评价、主观规范与知识储备进行 SEM 结构模型分析。表4－24 展示了 SEM 模型中四个量表的测量模型的测量效果，根据参数的显著性估计系数，所有的估计量均显著；所有量表的标准化因素负荷量均大于0.6；测量模型的 SMC 均大于0.36，表示所有的题目均有良好的信度；组成信度均大于0.7，表述量表具有内部一致性；收敛效度 AVE 均大于0.5，表示构面之间的收敛效度良好。

表 4 – 24 行为评价量表质量分析

构面	题目	参数显著性估计				因素负荷量	题目信度	组成信度	收敛效度
		Ustd	S. E.	t 值	P	Std	SMC	C. R	AVE
行为效果	I1_1	0.949	0.034	27.960	***	0.797	0.635	0.898	0.688
	I1_4	1				0.882	0.778		
	I1_3	1.033	0.038	26.877	***	0.774	0.599		
	I1_2	1.263	0.041	30.871	***	0.860	0.740		
自我能力评价	I2_6	1				0.761	0.579	0.897	0.592
	I2_5	1.085	0.046	23.507	***	0.804	0.646		
	I2_4	1.009	0.047	21.552	***	0.749	0.561		
	I2_3	1.05	0.048	21.804	***	0.760	0.578		
	I2_2	1.029	0.045	22.872	***	0.783	0.613		
	I2_1	1.089	0.05	21.849	***	0.759	0.576		
主观规范	I3_4	1.103	0.05	22.026	***	0.756	0.572	0.893	0.582
	I3_3	0.891	0.043	20.671	***	0.716	0.513		
	I3_5	0.829	0.041	20.080	***	0.699	0.489		
	I3_6	1				0.765	0.585		
	I3_2	1.098	0.044	25.212	***	0.853	0.728		
	I3_1	1.464	0.064	22.713	***	0.778	0.605		
知识储备	Z1	1				0.745	0.555	0.907	0.582
	Z2	1.107	0.043	25.488	***	0.870	0.757		
	Z3	0.894	0.046	19.536	***	0.690	0.476		
	Z4	1.247	0.055	22.480	***	0.785	0.616		
	Z5	0.819	0.041	20.115	***	0.704	0.496		
	Z6	1.173	0.055	21.272	***	0.742	0.551		
	Z7	1.240	0.055	22.681	***	0.791	0.626		

注：*** 表示 P 值小于 0.05，说明显著。

根据表 4 – 25 可知，对角线所示的根号值，均大于该构面与其他剩余构面的相关值，因此可以判定四个构面之间具有良好的区别效度。

表 4 - 25 行为评价量表的区别效度分析

行为评价	AVE	行为效果	主观规范	知识储备	自我能力评价
行为效果	0.688	0.829			
主观规范	0.582	0.227	0.763		
知识储备	0.582	0.472	-0.009	0.763	
自我能力评价	0.592	0.598	0.376	0.545	0.769

表 4 - 26 展示了 SEM 的整体结构方程模型的适配度指标测量值，表明该模型测量效果较好。

表 4 - 26 结构方程模型适配度评价

统计检验量		适配度标准或临界值	检验结果	模型适配度
绝对适配度	卡方值	$P > 0.05$	0.00	否[a]
	卡方自由度比	1~3 最佳；5 以下可接受	1.589	是
	RMR	< 0.05	0.045	是
	RMSEA	< 0.05 最佳；< 0.08 可接受	0.027	是
	GFI	> 0.9	0.963	是
	AGFI	> 0.9	0.955	是
增值适配度	NFI	> 0.9	0.968	是
	RFI	> 0.9	0.964	是
	IFI	> 0.9	0.988	是
	TLI（NNFI）	> 0.9	0.986	是
	CFI	> 0.9	0.988	是
简约适配度	PGFI	> 0.5	0.782	是
	CN	> 200	637	是

注：a：卡方值与样本数关系密切，随着样本数的增加而增加，因此 P 值并不影响模型整体效果判断。

如表 4 - 27 所示，除行为效果对于主观规范的影响路径不显著，其他路径均显著。

表 4 – 27 行为评价路径系数估计结果

量表			显著性指标				标准化结构路径系数
			Ustd.	S. E.	C. R.	P	Std.
行为效果	<---	知识储备	0.472	0.039	12.217	***	0.472
自我能力评价	<---	知识储备	0.291	0.033	8.812	***	0.338
自我能力评价	<---	行为效果	0.378	0.034	11.292	***	0.439
主观规范	<---	行为效果	0.069	0.043	1.598	0.11	0.077
主观规范	<---	自我能力评价	0.522	0.057	9.126	***	0.504
主观规范	<---	知识储备	-0.285	0.042	-6.825	***	-0.32

通过 SPSS23.0 软件对模型进行估计，得到农户行为预期、自我行为评价以及主观规范影响因素的实证分析的结果，如表 4 – 28 所示，模型 1、模型 2 与模型 3 分别对应三个测量因素。模型 1 中，变量 x_2、x_4 与 x_5 在 1% 的水平下显著，模型 2 中变量 x_1、x_2、x_7 与 x_8 在 1% 的水平下显著，模型 3 中变量 x_1、x_2、x_5 与 x_8 在 1% 的水平下显著。并且所有变量的 VIF 值均小于 2，表明变量之间不存在共线性问题。

表 4 – 28 行为评价影响因素的 OLS 估计结果

常数项	模型 1			模型 2			模型 3		
	回归系数	t – 统计量	P 值	回归系数	t – 统计量	P 值	回归系数	t – 统计量	P 值
	1.590	2.409	0.016	-0.373	-0.644	0.520	0.889	1.602	0.110
x_1	0.007	0.110	0.913	0.535 ***	9.863	0.000	0.161 ***	3.102	0.002
x_2	1.091 ***	10.368	0.000	0.992 ***	10.744	0.000	1.054 ***	11.921	0.000
x_3	-0.003	-0.707	0.480	-0.001	-0.215	0.830	0.000	-0.095	0.924
x_4	-0.339 ***	-3.274	0.001	-0.113	-1.245	0.214	-0.169 *	-1.947	0.052
x_5	0.144 ***	2.607	0.009	0.053	1.098	0.273	0.154 ***	3.320	0.001
x_6	0.043	0.628	0.530	0.061	1.002	0.317	0.095	1.638	0.102

常数项	模型 1			模型 2			模型 3		
	回归系数	t－统计量	P 值	回归系数	t－统计量	P 值	回归系数	t－统计量	P 值
	1.590	2.409	0.016	－ 0.373	－ 0.644	0.520	0.889	1.602	0.110
x_7	0.050	0.931	0.352	0.142 ***	2.999	0.003	0.050	1.117	0.264
x_8	0.087 *	1.877	0.061	0.163 ***	4.038	0.000	0.120 ***	3.107	0.002

注：*、**、*** 分别表示在 10%、5% 与 1% 的水平下显著。

（5）农户行为评价的关键影响因素与作用路径识别结果

依据前文的理论分析与上述计量结果，接受本章提出的 H1："行为效果的评价会对自我能力评价产生显著的正向影响"。农户对行为效果作出更加积极的判断，表明农户对碳中和行为有着清晰且准确的认识，而这种认识是基于农户较高的个人能力，因此行为效果的预期越好，农户相应的自我能力评价水平越高。通过表 4－27 可知，本章提出的 H2："行为效果的评价会对主观规范产生显著的正向影响"，计量结果显示路径系数没有通过显著性检验，因此拒绝 H2。表明农户的行为评价高低，不会对其主观规范产生影响，这可能与调研农户对于两个评价的出发点不同导致，首先行为的评价是对于行为预期的效果与农户的收货做出的预判，而主观规范会受到农户过往经历的影响，例如，如果农户预判行为效果是消极的，不论周围的亲朋好友与村干部如何劝说，农户仍会根据过往的经验做出自己的判断。本章提出的 H3："自我能力评价会对主观规范产生显著的正向影响"。自我能力的判断是农户对自身水平与资源掌握情况的判断，如果农户自身掌握资源丰富并且有能力学习使用新的机械与投入物，面对政府部门的规范性要求与周围农户的示范性作用，可以积极响应。本章提出的 H4："知识储备对行为效果产生显著的正向影响"与 H5："知识储备对自我能力评价产生显著的正向影响"的路径系数显著为正，接受假说。碳中和生产行为概念相较于其他农业生产的概念，体现出一定的复杂性与广泛性，所涉及的内容较多，农户对于涉及的相关内容了解程度较高，则表明其对于碳中和相关概念的知识储备较为丰富，因此对于碳中和行为的积极效果能够有准确的认识，进而会对其行为效果评价产生积极影响，同时农户会更加准确地对自我能力进行评价。本章提出的 H6："知识储备对主观规范产生显著的正向影响"，计量结果显示负向影响并且通过了显著性检验，因此拒绝假设。农户拥有更多相关知识的储备，会有更加准确且清晰的判断，相应的外界对其产生的影响因素也会减少，因此模型中知识储备对主观规范有着负向的显著影响。

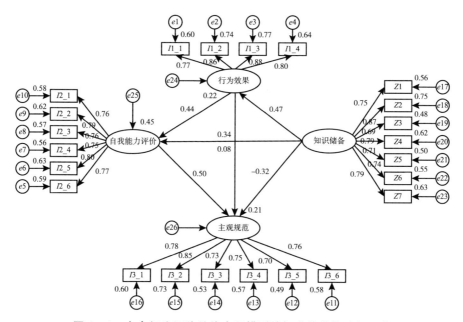

图 4-6　农户行为评价结构方程模型的标准化结构路径系数

除农户的心理评判过程之间产生相互的影响外，表 4-28 展示了农户个人特征、家庭特征以及社会特征对行为评价三个量表的影响状况。结果显示，不同调研地区农户的行为评价存在差异，体现在农户对自我能力评价与主观规范两方面的内容，相应的影响系数均在 1% 的水平下显著，开鲁镇与奈曼旗的农户明显比科尔沁左翼后旗农户的自我能力评价更高，这是由于前两个地区的农户多以汉族为主，而现在各类信息传播渠道使用的文字与语言均以汉语为主，而科尔沁左翼后旗以蒙古族居多，语言沟通的障碍使得这个地区的农户面对新型的技术、原材料、投入物等农业生产信息不能准确清晰的理解，因此对于自我能力的评价相对较低。同样开鲁镇与奈曼旗的农户主观规范程度较高，更加容易受到来自外界对其行为评价的影响，这与不同地区的经济发展水平与资源环境水平相关，这两个地区的经济发展水平均高于科尔沁左翼后旗，但是人均耕地面积分别为 3.58 亩/人与 4.02 亩/人，明显小于后旗 15.16 亩/人，并且地块分布较散程度分别是 4.03 亩/块与 3.56 亩/块，明显低于后旗的 14.23 亩/块，资源条件的不足与较高的经济水平使得这两个地区的农户会更加积极地改善自己的生产条件，因此与外界的交流更多，更加关注政府推广的技术，同时会同周围邻里更多地学习与讨论，交流与学习是一个相互沟通的过程，在农户向外界寻求信息的同时也会更加容易受到外界的影响。后旗农户除了拥有的耕地外，还拥有人均 200 亩的放牧场，耕地种植玉米与草场的限时放牧能够满足农户的生产需求，因此该地区的农户对生产现状比较满意，对其他信息的关注程度低于前两个地区的农户，因此主观规范评价较低。

农户的个体特征中，农户的性别对行为效果、自我能力与主观规范的评价在 1% 的水平下均显著，并且系数为正，表明男性对于碳中和行为评价水平均高于女性。男性在农业生产过程中仍然是主要群体，对于农业生产流程、投入物的作用、成本的核算更加清晰，因此对农业生产行为有较为准确的感悟与评价，并且基于男性的生理特性，能够更加理性与客观地对自我能力状况进行评价，同时更多的社交机会获得更多的生产信息，相互之间的影响作用也更加明显。而农户的年龄对于行为评价的作用均不显著，但是其相应的系数为负，能够表明一个影响方向。而农户的兼业化水平会对行为效果产生显著的影响，因为农户若进行兼业化生产，对农业生产的关注程度会明显低于进行专业化生产的农户，所掌握的相关生产知识与流程的熟练性也会下降，对于效果的预判会不准确或者表示不清楚；兼业化程度对于其余两项的影响虽然没有通过显著性检验，但同时呈现出相反的作用。

农户的家庭特征中，种植面积对于行为效果与主观规范的评价呈现显著的正向影响，种植面积越大对减量使用化肥农药、使用节能设施这些方式对于减少农业碳排放效果更加明显，因此种植面积大的农户相较于小面积生产的农户有着更加清晰的感知，对于行为效果的评价更高；同时大面积种植户所承担的风险更大，对于农业生产有着更高的关注程度，对于外界的信息更加敏感，也更加容易受到外界环境的影响，因此主观规范更大。而农户家庭人口数对行为评价的影响并不显著，但是农户的家庭收入会显著地正向影响农户的自我能力评价，不论是外出学习或者购置各类新型的设备与资料均需要农户有着良好的经济基础，同时良好的经济基础可以提高农户抵御风险的能力，使得农户能够有信心进行各类农业生产活动。

农户社会特征的衡量指标：政策的认可程度显著地影响农户的自我能力评价与主观规范。农户对于政府政策的认可程度越高，表明农户已履行相关的政策措施同时有效果较好的收获，其次表明农户对于政策颁布与操作的村干部和相关政府部门的认可程度较高，因此农户对自己的能力更加认可，同时当村干部做出示范性的效应以及政府部门发出规范性的要求时，都愿意积极响应。

4.3　本章小结

本章对农户碳中和生产的认知与行为评价的概念、分类与影响因素等内容进行了研究，发现现阶段农户的认知呈现中等水平，针对不同的问题认知状况存在一定的差异。其中农户认识到由化肥农药以及牲畜粪便产生的碳排放量较大，而认为土地翻耕过程中对土壤碳库的破坏并不严重。相较于对于行为严重性的认知，农户对于易感性的认知状况则没有明显的差异，认为现有的生产行为均会不利于农业的碳减排与碳增汇。影响农户认知水平的诸多因素中，农户的受教育程度、家庭耕种面积、参加村集体事务讨论频率以及是否参与技术培训四类因素对于农户认知水平影响较大，并且均呈现正向影响。基于农户认知水平讨论的基础上，本章后半部分对农户碳中和行为评价进行了研究。首先，农户对于碳中和行为效果的评价相对比较积极，特别是行为对于农业碳减排所发挥的积极作用得到了70.53%农户的认可；其次，农户对于自我能力评价较高，不论是农户的学习能力、机械操作水平以及生产经验均较为丰富，侧面反映农户对于掌握碳中和生产行为相关技术与操作方法的积极态度；最后，农户的主观规范程度较高，表明农户对碳中和生产行为进行评价时容易受到外界社会压力的影响，其中指令性主观规范的效应高于示范性的主观规范，间接表明农户对于政府部门的认可程度较高。影响农户行为评价的因素本书从行为评价三个组成部分之间相互的影响，碳中和知识储备量以及客观变量对行为评价的影响三个角度展开讨论。结果表明行为效果对自我能力评价、自我能力评价对主观规范均有积极的影响，但是行为效果评价对于主观规范的直接作用并不明显；碳中和知识储备对于行为评价的三个变量均有积极的影响，其中对行为效果与自我能力评价呈现正向影响，对主观规范呈现负向作用；各类客观因素中不同地区的自我能力评价以及主观规范存在差异，性别对三个组成部分会产生显著的正向影响，兼业农户的行为评价更低，对行为效果的评价影响更为明显。

5 农业碳中和相关生产
意愿形成机理分析

依据行为机理框架，农户生产意愿是行为发生的前一个环节，是行为目标实现的过程条件，对于行为的发生具有预示性的作用。特别是有意识的行为，其关键在于个体是否愿意执行某一行为，开展农户生产行为分析前，对其生产意愿的考察很有必要。本章在分析农户生产意愿现状的基础上，以第3章建立的农户生产行为分析框架为标准，探究农户意愿的形成路径以及影响因素。

5.1 农户生产意愿现状分析

意愿可以较好地反映农户在进行决策时所愿意付出的努力，因此对农户生产意愿进行准确的测度并就其现状进行详细的描述，是后文开展意愿形成机理与影响因素作用路径分析的基础。

5.1.1 农户生产意愿的测度方式

针对农户意愿的调查最常使用的方式是直接询问法，该方法针对一些中性化的问题提问效果较好，例如询问农户对于颜色的喜好，对于饮食的喜好，并且可以直接通过二分类的变量进行测度。但是对于环境与气候类的问题却不适用，原因在于社会对此类问题有着准确的需求，因此这些问题被视为全体公民应该做的事情，农户面对此类问题的回答带有很强的倾向性，绝大多数的农户都表示愿意采取碳中和的种植养殖行为，在正式调研前的预调查时也发现存在此类问题。为避免农户面对只有"愿意"与"不愿意"两个选项时的倾向性，以及只有一个题设"是否愿意进行碳中和生产"容易出现的选择范围不明晰问题，本次问卷设计时，将农户的碳中和生产意愿细化为十个小问题，分别是："J1 您是否愿意减少农药的使用量；J2 您是否愿意增加使用绿色肥料，减少化肥使用量；J3 您是否愿意将秸秆进行还田处理；J4 您是否愿意使用节水灌溉设施；J5 您是否愿意选种更多的绿肥作物；J6 您是否愿意科学地进行调制饲料与饲喂；J7 您是否愿意对饲料进行科学的物理、化学与生物加工处理；J8 您是否愿意将牲畜粪便进行充分发酵处理之后再还田；J9 您是否愿意将病畜与死畜进行科学环保的处理；J10 您是否愿意将堆放的牲畜粪便进行覆盖处理"。在回答的选项中，本章采用李克特五点量表的方式进行选项设计，即将选项设计为："1 = 非常不愿意"，"2 = 不太愿意"，"3 = 一般"，"4 = 愿意"，"5 = 非常愿意"，这样农户可以有更多的选择范围，能够相对准确地对农户的意愿进行衡量。

5.1.2 数据的信度与效度检验

（1）农户生产意愿量表信度检验

利用 SPSS23.0 统计软件，对农户碳中和生产意愿的调研数据进行测量，其 Cronbach 系数为 0.933，如表 5 - 1 所示，整体的量表设计非常理想，量表设计可信。

表 5 - 1　　　　　　　　　生产意愿可靠性统计

Cronbach's α	基于标准化项的 Cronbach's α	项数
0.933	0.935	10

此外，对每个题项的总体相关系数进测量，结果如表 5 - 2 所示，各测量指标的 CITI 指数均大于 0.5，由于总体量表的 Cronbach 系数大于 0.9 效果较为理想，并且各题目删除后的 Cronbach 系数变化不大，因此不对题目进行删减处理。

表 5 - 2　　　　　生产意愿总体相关系数与题目可靠性统计

变量	修正后的项与总计相关性	删除项后的 Cronbach's α
$J1$	0.749	0.926
$J2$	0.783	0.924
$J3$	0.703	0.928
$J4$	0.686	0.929
$J5$	0.734	0.926
$J6$	0.822	0.922
$J7$	0.749	0.926
$J8$	0.777	0.924
$J9$	0.748	0.926
$J10$	0.659	0.930

（2）农户生产意愿量表效度检验

效度检验即对问卷有效性的一种测量。通过 SPSS23.0 软件对调研数据进行分析，首先对农户的生产意愿测量量表进行 KMO 系数测度与 Bartlett's 球形检验，结果如表 5 - 3 所示，其 KMO 系数为 0.962，Bartlett's 球形检验的卡方值为 6011.337（自由度为 55），显著性概率值 $P = 0.00 < 0.05$，拒绝虚无假设，即拒绝净相关矩阵不是单元矩阵的假设，接受净相关矩阵是单元矩阵的假设，代表总体的相关矩阵间有共同因素的存在，适合进行因素分析。

表 5 - 3   生产意愿 KMO 与巴特利特检验

KMO 取样适切性量数		0.962
巴特利特球形度检验	近卡方值	5303.767
	自由度	45
	显著性	0.000

通过主成分分析进行因素分析，如表 5 - 4 所示，表示每个初始变量共同性以及抽取主成分后的共同性，抽取后共同性越低，表明该变量越不适合投入主成分中，反之越高越适合投入主成分中，并且表示该变量越有影响力。若提取数值低于 0.2 可以考虑将题目删除，本次测度发现各变量提取后的值相当，并且没有低于 0.2 的题项。

表 5 - 4   生产意愿变量公因子方差

变量	初始	提取
$J1$	1.000	0.646
$J2$	1.000	0.694
$J3$	1.000	0.581
$J4$	1.000	0.558
$J5$	1.000	0.624
$J6$	1.000	0.748
$J7$	1.000	0.643
$J8$	1.000	0.683
$J9$	1.000	0.642
$J10$	1.000	0.517

提取方法：主成分分析法。

表 5 - 5 为采用主成分分析法抽取主成分的结果，此次共抽取一个主成分，累计解释方差达到 63.375%，表明提取的主成分对于原始数据具有较好的代表性。

表 5 - 5　　　　　　　　　　生产意愿主成分分析

成分	初始特征值			提取载荷平方和		
	总计	方差百分比	累积%	总计	方差百分比	累积%
1	6.338	63.375	63.375	6.338	63.375	63.375
2	0.559	5.595	68.970			
3	0.517	5.166	74.136			
4	0.472	4.715	78.851			
5	0.426	4.258	83.108			
6	0.411	4.108	87.216			
7	0.379	3.792	91.008			
8	0.357	3.573	94.581			
9	0.275	2.752	97.333			
10	0.267	2.667	100.000			

提取方法：主成分分析法。

通过表 5 - 6 的因子载荷系数可知，从 $J1$ 至 $J10$ 共 10 个解释变量负载在公因子上的载荷系数均大于 0.7，以上结果均表明本次测量量表通过了效度检验，所选的 11 个测量变量能够有效测量农户的生产意愿，可以用于后续进行计量分析。

表 5 - 6　　　　　　　　生产意愿变量因子载荷系数

变量	成分[a]
	1
$J1$	0.804
$J2$	0.833
$J3$	0.763
$J4$	0.747
$J5$	0.790
$J6$	0.865

变量	成分[a]
	1
J7	0.802
J8	0.827
J9	0.801
J10	0.719

提取方法：主成分分析法。
a. 提取了1个成分。

5.1.3 农户生产意愿现状描述与分析

通过前文的测度与分析可知，农户生产意愿的调研数据可信并且有效，在此基础上对生产意愿现状进行描述，结果如表5－7所示。农户生产意愿的均值在3.376~3.966，说明数据没有集中在1或者5，并且各题目的峰度绝对值小于3，偏度绝对值小于7，数据基本符合正态分布。并且碳中和种植意愿略强于养殖意愿，为了更加清晰与准确地描述农户的生产意愿，接下来对于农户生产意愿按照种植与养殖意愿分别进行描述。

表5－7　　　　　　　　　　生产意愿描述性统计

变量	样本量	平均值	标准差	最小值	最大值	峰度	偏度
J1	821	3.925	1.094	1	5	−0.613	−0.718
J2	821	3.848	1.089	1	5	−0.921	−0.525
J3	821	3.687	1.227	1	5	−0.455	−0.764
J4	821	3.552	1.298	1	5	−0.921	−0.532
J5	821	3.700	1.254	1	5	−1.029	−0.535
J6	821	3.966	1.109	1	5	−0.823	−0.696
J7	821	3.538	1.463	1	5	−1.167	−0.560

变量	样本量	平均值	标准差	最小值	最大值	峰度	偏度
J8	821	3.861	1.135	1	5	-0.730	-0.659
J9	821	3.376	1.444	1	5	-1.209	-0.457
J10	821	3.838	1.021	1	5	-0.597	-0.394

（1）农户种植意愿现状分析

本节通过五个题目对农户碳中和种植生产意愿进行考察，其分布状况如图 5-1 所示。

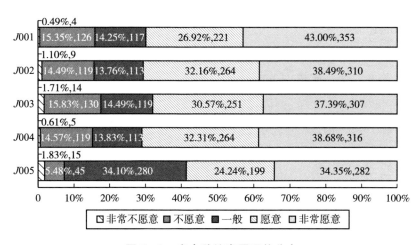

图 5-1　农户种植意愿现状分布

①农户按照标准或减少农药的使用量的意愿较高。选择愿意与非常愿意的农户占比达到样本总量的 69.92%，其中 43% 的农户表示非常愿意，可见农户的意愿水平非常高。通过调研总结，本节认为农户高意愿的原因如下：第一，半农半牧区农户种植的作物以籽粒玉米与青贮玉米为主，其中青贮玉米会全部加工为青贮饲料，而籽粒玉米的秸秆最后全部回收作为牲畜粗饲料，农户表示使用打药后的作物与秸秆饲喂牲畜会增加其患病概率，因此农户非常愿意减少并且尽量不使用农药。第二，

农户普遍感知近些年病虫害种类逐渐增多，农药使用量与使用频率不断增加，但是农药的效果越来越差并且对于水质的污染影响非常严重，并且农户观察到一些麻雀、野兔等动物在打药后闯入农田或者食用打药后的作物出现死亡的状况，因此农户认为农药的使用对于生态环境与野生动物的破坏非常严重，所以农户对于农药所带来的负面影响深感恐惧。第三，即使近些年使用的农药毒害性越来越低并且越来越环保，但是诸多农户表示在使用农药后，其身体经常会出现严重的过敏反应，如打喷嚏、咳嗽、全身发痒等现象，因此农药的使用对农户健康产生了威胁，农户对于农药存在抵触情绪。但是仍有 15.88% 的农户表示不愿意执行这种行为，因为虫害频发的现状对于作物减产的影响非常严重，所以坚持使用农药进行灭虫。

因此，农户减少农业使用量的意愿是基于环境保护、自身身体健康状况以及提升牲畜质量的考虑结果。

②农户对于增加绿色有机肥料使用量，减少化肥使用量的意愿较高。农户中有 70.65% 的人群表示愿意实施该行为，其中 34.49% 的农户非常愿意，通过调研发现有以下两个原因：一个原因是农户对于化肥的负面影响有着较高的厌恶情绪。第一，被调研农户普遍表示，近些年追肥频率与用量逐渐增加，导致种植的净收益不断减少。依据调研结果初步估算，农户追肥使用的多是尿素或复合肥，其售价分别是在 2.7 元/斤与 1.45 元/斤，每次追肥量从 40~80 斤/亩不等，如果以成本最低计算每追肥一次的成本增加约为 60 元/亩，但是亩产量的变化不大，因此农户认为化肥的使用效率与投入产出比下降。第二，化肥的使用导致土壤质量不断下降，近 10 年出现了盐碱化与板结的问题。第三，化肥的使用对水资源的污染严重，农户表示农田周围的水源受到化肥使用的影响出现富养化现象，并且产生了严重的异味，农户的生存环境与周围的生态环境逐年恶化。

另一个重要的原因是农户对于施用粪肥效果的认可度较高。首先，半农半牧区的农户一直有着粪肥还田的生产习惯，牲畜粪便对于农户而言是高效且珍贵的天然肥料,并且这也是农户实际生产过程中改善土质的普遍方法。其次,农户表示施用过粪肥的耕地土质明显疏松且地利条件较好,可有效缓解土地的板结与盐碱化问题。最后,相较于增加化肥用量产生的高额经济成本,半农半牧区农户的粪肥施用成本仅仅是"皮鞋成本",因此其可获得的净收益更高。

因此,农户减少化肥用量与增加有机肥用量的意愿是基于降低生产成本与改善土壤质量的考虑结果。

③农户对秸秆直接还田的意愿平均值为 3.687,属于中等偏上水平。农户对秸秆还田高意愿的原因有二:其一,调研区域属辽河平原地区,地势平坦,秸秆还田的操作流程基本实现全机械化,因此秸秆的直接还田过程省时省力,不会给农户增添多余负担。其二,秸秆直接还田方式对于土壤的改善作用深得农户认可,农户表示还田后的土壤质地明显松软并且空隙较大,在该土地上种植的作物长势优良,可以有效减少化肥的使用。同时,相较于秸秆"过腹还田",直接还田的实现面积更加广泛,能够改善土壤面积的范围更大。

因此,农户愿意采用秸秆直接还田的方式是基于操作方便与改善土壤质量的思考结果。

④农户节水灌溉设施的使用意愿比较高。调研区域的灌溉方式主要有三种,分别是管灌(分区域的漫灌)、浅埋滴灌与喷灌,灌溉的动力来源主要是柴油发动机或电泵,因此基于以下两个原因,农户愿意使用节水灌溉措施。其一,可以节省能源的投入,即减少柴油与用电量,既降低成本又减少碳排放。其二,利用浅埋滴灌的方式,可以在进行灌溉的同时进行追肥活动,既节省时间又提高了追肥的效率,减少农业碳排放。其三,可以有效地保护土壤结构,降低了灌溉过程中对土壤的冲刷,保护了土层结构,有效缓解了土壤的盐碱化与板结化的问题,并且保护了土壤碳库。

因此,农户采纳节水灌溉措施的意愿是基于节能减排、保护土壤结构以及作物提质增效的思考结果。

⑤农户种植绿肥作物的意愿水平较前四种的碳中和种植方式较低，但表达愿意与非常愿意的农户在样本中依然占据了总数的58.59%，主要原因是绿肥作物对于改善土壤质量、间接增加土壤碳库含量有着显著的效果，并且种植豆类作物可获得278元/亩的种植补贴。但是有34.1%的农户对于种植绿肥作物的意愿并不明确，主要考虑绿肥作物低的作物产量难以满足牲畜的饲料所需。

因此，绿肥作物对于改善土壤质量以及增加土壤碳库含量的作用能够获得农户的认可，并且可观的种植补贴也是其采纳意愿的有效促进因素。

（2）农户养殖意愿现状分析

由图5-2可知，农户养殖意愿较种植意愿亦通过五个问题进行考察，五个问题的平均意愿均值为3.71，最低平均水平为3.376，最高3.966，整体意愿水平较高。

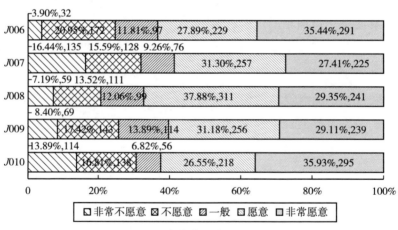

图5-2　农户养殖意愿现状分布

①农户对于科学的饲料调制与饲喂意愿较高。依据农业碳中和的实现途径，此处所指的科学的饲料调制与饲喂方式是指，将饲料进行科学的精粗配比并合理使用饲料添加剂，以及进行饲喂时需要重视次数与顺

序。样本中 63.33% 的农户表示愿意以及非常愿意采纳此行为，原因在于：第一，农牧交错带呈现为"为养而种，种养结合"的农业生产特点，在形成这种生产模式之前，农业生产仍以放牧畜牧业为主，丰富的养殖经验使得农户深知科学的饲养方式对牲畜生长的重要性。第二，相较于种植业，养殖业发展所带来的收入更加可观，依据 2019 年第四季度的市场交易状况，刚出生的小牛犊卖价即可达到 5 000 元/头左右，3~4 个月的牛犊卖价可以达到 10 000 元/头左右，4~5 个月的犊牛卖价可以达到 12 000 元/头左右，两岁的怀孕母牛卖价可达 1.7 万~1.8 万元/头，品质较好的基础母牛卖价可以达到 2 万~3 万元/头。此外，3~4 个月的肉羊卖价可以达到 700~800 元/只，50~60 斤的成熟肉羊卖价可以达到 1 700~1 800 元/只，70~80 斤的肉羊卖价可以达到 2 000 元/只左右，上述交易价格均为农户直接的卖价，由此可见牲畜养殖的收入水平较高，因此农户进行科学化的养殖，提高牲畜品质以达到增收的目的。第三，由于现阶段饲料的配比中粗饲料占比高，然而面对牲畜养殖量不断增加与种植面积产量的有限性，逐渐出现了粗饲料供不应求的状况，因此农户对于饲料调配减量增效的需求意愿较高。

因此，农户开展科学的饲料调制与饲喂的意愿主要是基于丰富的养殖经验、养殖带来的高额收入以及其减量增效的作用发挥明显。

②农户对饲料进行科学加工处理的意愿均值在所有碳中和生产意愿中最低，但是仍有 58.71% 的农户表示愿意进行尝试。依据农业碳中和的实现途径，此处所指的科学的加工处理是指将秸秆的切碎与颗粒化处理、秸秆氨化处理以及制作青贮饲料三种加工处理方式。调研发现，农户普遍熟知这些处理的操作方式以及加工后可以提高牲畜的适口性与采食量的效果，并且这样加工处理后的饲料营养损失少、粗蛋白质含量高、易于长期保存。但是有 16.44% 的农户表示非常不愿意进行加工与处理，原因是：第一，农户没有专业的加工机械。第二，相关操作需要较高的技术操作水平，农户操作不当会造成更大的损失，例如秸秆氨化技术，农户尝试该方式时由于操作不当曾出现牲畜中毒与死亡情况，因此出于

风险最小化的考虑，农户对于新型加工技术持有较为保守的态度，直至技术发展较为成熟并且农户可以熟练掌握为止。

因此，农户具有饲料科学加工方式的采纳态度是基于加工与处理方式有利于提升牲畜养殖效率的作用，但是相关加工机械的缺乏与技术掌握水平低下的原因，导致农户的较低参与意愿。

③农户是否愿意将牲畜粪便进行完整的发酵后再还田的询问中有67.23%的农户表示愿意。农户认为粪肥的养分价值明显高于化肥，施用后的耕地肥力明显改善，也有利于土壤碳库含量的增加，并且依据以往的种植经验判断，如果粪肥不发酵或者发酵不充分会造成适得其反的作用，例如，粪肥中含有大量的病毒与有害菌，施于田间会导致病虫害的传播；如果发酵不到位，将粪肥施用于田间会发生"二次发酵"的情况，在微生物的作用下粪便开始发酵，产生的热量会影响作物生长，出现烧根烧苗的状况；发酵不充分的粪便在分解过程中产生各类有害气体，并伴有严重的异味。但是仍有20.71%的农户表示没有意愿将粪便进行完全发酵，主要有两点原因：其一，缺乏合适的场所。由于饲养量的增长，牲畜粪便的产量也不断增加，但是农户生产场所空间有限，导致没有专门的场所可供粪便进行发酵处理。其二，粪肥发酵需要投入更多的劳动力与时间。作为追求效益最大化的有限理性农户，其在分配劳动与时间投入时，会强调自身休息与消遣所带来的心理效益，农户为图"省事"不愿意完成粪肥充分发酵的操作。

因此，具有完全粪肥完全发酵意愿的农户是基于其对于土壤质量改善、增加作物产量以及增加土壤碳库的作用，同时考虑不完全发酵还田后的消极作用。意愿较低的农户则是因为缺乏合适的场所以及追求"省事"心态的原因。

④样本中有60.29%的农户愿意科学处理病畜与死畜。农户认为病畜体内携带病菌，处理不当会感染其他的牲畜并且会威胁农户的身体健康，如果将其随意丢弃在自然界中，特别容易对空气、水源等造成污染，所以农户对于科学处置病死畜的意愿较高。但是25.28%的农户认为，

传统的掩埋即可实现无公害处理,无须增加添加灭菌剂或是石灰进行处置。或者将死畜直接丢弃于荒地,这样的操作还可以为其他野生动物提供食物。

因此,愿意将病死畜进行科学处理的农户是基于保护生态环境以及防止牲畜染病的考虑,意愿较低的农户则是因为对于随意丢弃与掩埋的危害性了解不够。

⑤在粪便堆放时是否愿意采取压实与覆盖的处理方式,62.45%的农户表示愿意采取相关的措施。因为这些方式简单易操作,原料容易获得,并且可以减少各种温室气体排放。但是仍有30.70%的农户认为这样的操作需要投入更多的原材料与时间,因此并不愿意进行这样的操作。

因此,采纳意愿较强的农户是基于这样的操作可以减少农业碳排放的效果并且易于操作,但是意愿较低的农户则认为这样的操作耗费了农户过多的时间与精力,因此较为排斥。

5.2 影响农户生产意愿变量的选取与假说的提出

基于第 3 章的生产行为理论框架,农户生产意愿决定于农户行为认知水平与行为评价水平,并且受到外界客观作用的影响,因此本节从两个方面对影响农户生产意愿的因素进行研究,分别是农户的心理因素与客观因素。其中,就心理因素可能对生产意愿产生的影响提出如下假说:

H1:农户严重性认知对农户碳中和生产意愿有显著的正向影响。

H2:农户易感性认知对农户碳中和生产意愿有显著的正向影响。

H3:农户行为效果评价对农户碳中和生产意愿有显著的正向影响。

H4:农户自我能力评价对农户碳中和生产意愿有显著的正向影响。

H5:农户主观规范对农户碳中和生产意愿有显著的正向影响。

H6:农户严重性认知通过易感性间接影响农户生产意愿。

H7：农户严重性认知通过行为效果与自我能力评价影响农户生产意愿。

外界客观因素中，农户个人特征、家庭特征、社会资本特征会对农户意愿产生影响，为更加准确研究客观因素对农户碳中和生产意愿的影响，本节将农户生产意愿分为种植意愿与生产意愿进行分类研究，具体变量以及预计作用方向如表5-8所示。

表5-8　　　　　影响生产意愿的客观变量选取与描述

变量		变量定义	均值	标准差	预计方向	
					种植	养殖
地区变量	地区名称	1=科尔沁左翼后旗；2=开鲁镇；3=奈曼旗	2.111	0.677	—	—
个人特征	性别	1=男性；0=女性	0.669	0.471	正向	正向
	年龄	实际年龄	47.384	10.312	负向	负向
	教育水平	1=文盲；2=小学毕业；3=初中毕业；4=中专与高中；5=大专与本科	3.552	1.925	正向	正向
	兼业与否	1=兼业；0=不兼业	0.453	0.498	负向	负向
家庭特征	种植规模	实际耕种面积的对数	3.414	0.972	正向	—
	养殖规模	实际牲畜头数的对数	2.794	1.029	—	正向
	家庭人口数	实际家庭人口数	4.029	1.359	负向	负向
	收入水平	实际农业收入对数	10.513	0.985	正向	正向
社会参与程度	政策效果评价	1=效果很差；2=效果一般；3=一般；4=效果不错；5=效果非常好	4.317	1.033	正向	正向
	公共事务参与程度	1=从不；2=几乎没；3=一般；4=偶尔；5=经常	2.291	2.385	正向	正向
	联系人数	实际手机联系人数对数	4.752	1.111	正向	正向

5.3 影响农户生产意愿的实证分析

5.3.1 变量设定与模型构建

（1）结构方程模型

本节利用结构方程模型对行为效果、自我能力评价、主观规范、感知严重性、感知易感性与农户碳中和生产意愿的关系进行研究，该方法整合了因子分析与路径分析两种方法，对于处理多个变量之间的结构关系有着较好的效果，并且克服自变量之间的共线性问题，是一种验证性的研究方法。对于该方法的具体表达式与内涵已在 4.2.3 节中进行了详细介绍，此处不再赘述。

（2）多元线性回归模型

依据理论分析框架，分别以农户行为效果评价、自我能力评价以及主观规范作为被解释变量，以地区差异作为控制变量，以农户的性别、年龄、教育水平以及兼业状况，农户家庭的实际耕种面积、家庭实际饲养牲畜的数量、家庭人口数以及家庭收入水平，农户对政策效果评价、行政村级公共事务的参与程度、政策认可程度为解释变量建立多元回归模型，如表 5 - 8 所示。为减少异方差，对解释变量中实际耕种面积、牲畜养殖头数与农户的收入水平进行对数处理，使得数据更加平稳。根据研究需求与变量的特征，选用多元线性回归模型进行分析，构建如下计量模型：

$$Y_{ij} = \alpha x_1 + \beta x_2 + \gamma x_3 + \delta x_4 + \varphi x_5 + \theta x_6 + \rho \log x_7$$
$$+ \vartheta \log x_8 + \omega x_9 + \epsilon x_{10} + \tau x_{11} + \sigma x_{12} + \varepsilon$$

5.3.2 计量结果分析

利用 AMOS23.0 对严重性认知、易感性认知、行为效果评价、自我能力评价、主观规范与意愿进行 SEM 结构模型分析。表 5 – 9 展示了 SEM 模型中六个量表的测量模型的测量效果，根据参数的显著性估计系数，所有的估计量均显著；所有量表的标准化因素负荷量均大于 0.6；测量模型的 SMC 均大于 0.36，表示所有的题目均有良好的信度；组成信度均大于 0.7，表示量表具有内部一致性；收敛效度 AVE 均大于 0.5，表示构面之间的收敛效度良好，模型整体适配度指标良好。

表 5 – 9　　　　　　农户生产意愿影响因素测量模型结果

构面	题目	参数显著性估计					题目信度	组合信度	收敛效度
		Ustd	S. E.	t 值	P	Std.	SMC	C. R	AVE
严重性	G1_7	1				0.760	0.578	0.900	0.564
	G1_6	0.968	0.052	18.756	***	0.650	0.423		
	G1_5	1.547	0.061	25.499	***	0.848	0.719		
	G1_4	1.361	0.063	21.699	***	0.748	0.560		
	G1_3	0.918	0.042	21.800	***	0.749	0.561		
	G1_2	1.170	0.053	22.100	***	0.760	0.578		
	G1_1	1.272	0.060	21.061	***	0.728	0.530		
易感性	G2_7	1				0.752	0.566	0.913	0.601
	G2_6	1.361	0.054	25.344	***	0.859	0.738		
	G2_5	1.171	0.049	23.955	***	0.814	0.663		
	G2_4	1.174	0.057	20.621	***	0.713	0.508		
	G2_3	1.348	0.059	22.849	***	0.778	0.605		
	G2_2	1.197	0.056	21.529	***	0.741	0.549		
	G2_1	1.291	0.058	22.198	***	0.760	0.578		

续表

构面	题目	参数显著性估计					题目信度	组合信度	收敛效度
		Ustd	S. E.	t 值	P	Std.	SMC	C. R	AVE
行为效果	I1_1	1				0.774	0.599	0.898	0.688
	I1_2	1.224	0.048	26.151	***	0.861	0.741		
	I1_3	0.965	0.046	26.928	***	0.880	0.774		
	I1_4	0.920	0.037	23.766	***	0.799	0.638		
自我能力评价	I2_1	1				0.756	0.572	0.897	0.593
	I2_2	0.954	0.042	22.628	***	0.788	0.621		
	I2_3	0.970	0.044	21.984	***	0.763	0.582		
	I2_4	0.929	0.043	21.540	***	0.749	0.561		
	I2_5	0.995	0.043	23.268	***	0.801	0.642		
	I2_6	0.919	0.042	21.796	***	0.760	0.578		
社会规范	I3_1	1				0.778	0.605	0.893	0.582
	I3_2	0.750	0.029	20.388	***	0.852	0.726		
	I3_3	0.610	0.029	20.948	***	0.718	0.516		
	I3_4	0.755	0.034	22.491	***	0.756	0.572		
	I3_5	0.566	0.028	25.960	***	0.699	0.489		
	I3_6	0.683	0.030	22.732	***	0.765	0.585		
意愿	J10	1				0.688	0.473	0.939	0.606
	J9	1.613	0.079	20.485	***	0.783	0.613		
	J8	1.317	0.062	21.092	***	0.812	0.659		
	J7	1.635	0.080	20.502	***	0.783	0.613		
	J6	1.363	0.061	22.255	***	0.858	0.736		
	J5	1.381	0.068	20.162	***	0.772	0.596		
	J4	1.332	0.070	18.976	***	0.721	0.520		
	J3	1.295	0.067	19.391	***	0.741	0.549		
	J2	1.279	0.060	21.291	***	0.822	0.676		
	J1	1.232	0.060	20.565	***	0.789	0.623		

注：*** 表示 P 值小于 0.05，说明显著。

由表 5 - 10 可知，对角线所示的收敛效度根号值均大于该构面与其他剩余构面的相关值，因此可以判定五个构面之间具有良好的区别效度。

表 5 - 10 农户生产意愿影响因素量表的区别效度分析

影响因素	AVE	社会规范	自我能力判断	行为预期	易感性	严重性
社会规范	0.582	0.763				
自我能力判断	0.593	0.430	0.770			
行为效果	0.688	0.282	0.547	0.829		
易感性	0.601	0.035	0.215	0.206	0.775	
严重性	0.564	0.060	0.237	0.194	0.377	0.751

表 5 - 11 展示了 SEM 的整体结构方程模型的适配度指标测量值，表明该模型测量效果较好。

表 5 - 11 农户生产意愿影响因素模型适配度检验

统计检验量		适配度标准或临界值	检验结果	模型适配度
绝对适配度	卡方值	$P > 0.05$	0.00	否
	卡方自由度比	1~3 最佳；<5 可接受	1.779	是
	RMR	<0.05	0.131	是
	RMSEA	<0.05 最佳；<0.08 可接受	0.031	是
	GFI	>0.9	0.926	是
	AGFI	>0.9	0.917	是
增值适配度	NFI	>0.9	0.936	是
	RFI	>0.9	0.932	是
	IFI	>0.9	0.971	是
	TLI（NNFI）	>0.9	0.969	是
	CFI	>0.9	0.971	是
简约适配度	PGFI	>0.5	0.826	是
	CN	>200	520	是

注：卡方值与样本数关系密切，随着样本数的增加而增加，因此 P 值并不影响模型整体效果判断。

126

表 5 - 12 展示了各因素之间的路径系数估计的结果，通过结果可知各路径均通过了显著性检验，可以用作后续的分析。

表 5 - 12　　　　　　　　农户生产意愿影响因素路径系数估计结果

量表			显著性指标				标准化结构路径系数
			Ustd.	S. E.	C. R.	P	Std.
行为效果	<---	严重性	0.240	0.039	6.104	***	0.238
自我能力评价	<---	严重性	0.303	0.039	7.765	***	0.306
易感性	<---	严重性	0.460	0.042	11.046	***	0.44
意愿	<---	行为效果	0.245	0.03	8.255	***	0.319
意愿	<---	自我能力评价	0.211	0.032	6.597	***	0.267
意愿	<---	社会规范	0.145	0.019	7.601	***	0.258
意愿	<---	易感性	0.176	0.027	6.594	***	0.235
意愿	<---	严重性	0.239	0.03	8.051	***	0.306

注：*** 表示 P 值小于 0.05，说明显著。

此外，利用 SPSS23.0 软件对模型进行估计，得到农户个人特征、家庭特征、社会特征因素农户生产意愿的影响结果，如表 5 - 13 所示，模型 1 与模型 2 分别对应农户碳中和种植与养殖意愿状况。模型 1 中，变量 x_1 在 10% 的水平下显著，x_2 与 x_4 在 5% 的水平下显著，x_6 与 x_{11} 在 1% 的水平下显著。模型 2 中变量 x_3 在 5% 的水平下显著，x_7、x_9 与 x_{11} 在 1% 的水平下显著。并且所有变量的 VIF 值均小于 2，表明变量之间不存在共线性问题。

表 5 - 13　　　　　　　　农户生产意愿客观影响因素回归分析结果

变量	模型一			模型二		
	系数	t 值	显著性	系数	t 值	显著性
（常量）	3.222	11.096	0.000	1.866	5.713	0.000
地区 x_1	0.043	1.705	0.089 *	0.023	0.809	0.419

续表

变量	模型一			模型二		
	系数	t 值	显著性	系数	t 值	显著性
性别 x_2	0.085	1.963	0.050**	−0.014	−0.286	0.775
年龄 x_3	0.001	0.350	0.726	0.005	2.237	0.026**
教育水平 x_4	0.023	2.124	0.034**	0.005	0.436	0.663
兼业否 x_5	−0.047	−1.110	0.267	0.025	0.535	0.593
面积 x_6	0.072	3.120	0.002***	0.034	1.302	0.193
头数 x_7	−0.024	−1.188	0.235	−0.065	−2.800	0.005***
家庭人口数 x_8	−0.016	−1.039	0.299	−0.008	−0.438	0.662
收入水平 x_9	0.016	0.613	0.540	0.096	3.382	0.001***
政策认可 x_{10}	0.021	1.098	0.272	0.007	0.310	0.756
村级事务 x_{11}	0.056	4.302	0.000***	0.062	4.192	0.000***
手机联系人数 x_{12}	0.017	0.816	0.415	0.011	0.456	0.649

注：*、**、*** 分别表示在 10%、5% 与 1% 的水平上显著。

5.3.3 农户生产意愿的关键影响因素与作用路径识别结果

图 5 - 3 展示了农户生产意愿心理影响因素结构方程模型的分析结果，依据分析结果，接受本章所提出的假说 H1："农户严重性认知对农户碳中和生产意愿有显著的正向影响"通过显著性检验，影响系数为 0.31。农户对现有行为存在的问题认知是农户产生生产意愿的前提，只有清晰认知现有行为对碳中和实现所存在的阻碍，才可能产生改变现有行为的想法，这种改变的需求会促使农户产生相应的意愿，因此农户严重性认知越深刻，相应的意愿才会越强烈。严重性认知 7 个观察变量的路径系数介于 0.65 ~ 0.85，其中影响最大的题目为 $G1 - 5$："粪便露天堆放会造成大量碳排放"，其系数为 0.85。相较于其他难以觉察的碳排放与碳吸收途径，粪便露天堆放对于农户的视觉与味觉刺激明显，农户较易觉察，因此农户较高的认知会正向激励农户产生相应的意愿。题目 $G1 - 2$："现阶段化肥的使用会造成大量的碳排放"与 $G1 - 7$："不进行

秆还田会减少土壤碳库含量"的路径系数均为0.76，两者产生的影响也较为重要，说明农户对现阶段化肥的施用效率低下以及过量使用所造成的碳排放有着清晰的认知，农户也可以认识到秸秆直接还田量的下降，对土壤碳汇量产生的负向影响，因此可以正向刺激农户产生相应的生产意愿。而题目 $G1-6$："不进行轮作会减少土壤碳库的含量"的影响系数0.65最小，调研区域的农户收入来源主要是牲畜的养殖，种植业的发展主要是为养殖的发展服务，因此农户的种植作物主要是籽粒玉米或青贮玉米，并没进行轮作，因此对于轮作对增加土壤碳库的认知程度并不高，由此生产的意愿也不高。

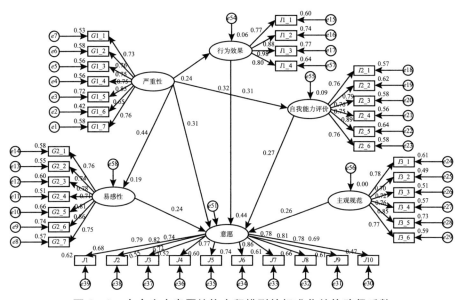

图 5-3 农户生产意愿结构方程模型的标准化结构路径系数

本章所提出的假说 H2："农户易感性认知对农户碳中和生产意愿有显著的正向影响"通过显著性检验，影响路径系数为0.24，可以接受。本节所界定的农户易感性认知不同于严重性的认知对现有行为的一种判断，而是对于现有行为对碳中和实现所造成威胁的大小的一种预估。7个观察变量路径系数介于0.71~0.86，题目 $G2-6$："不进行轮作会减少土壤碳库含量的可能性"的路径系数 0.86 影响最为显著,虽然农户现阶段并没有采取轮作的措施因此也不会觉察到轮作所带来的影响,但是农户认知到如果只种植一种作物土壤营养含量越来越低,质量会不断下降,以至于出现减产的风险,因此农户觉得适当进行轮作对于改善土壤质量,增加土壤碳库含量有必要,较高的易感性认知对于农户的生产意愿有着显著的影响。题目 $G2-5$ "露天堆放的大量粪便会增加碳排放量的可能性"的路径影响系数为 0.81,由于禁牧措施以及乡村治理制度的实施,牲畜只可以在自家的棚圈内圈养,加之牲畜养殖所带来的可观收入,农户的养殖量不断扩大,近些年所产生的牲畜粪便量不断增加并且没有科学合理的处理方式,所以农户感知牲畜粪便的露天堆放会进一步增加碳排放量,这样的威胁感知可以促进农户产生相应的生产意愿。题目 $G2-4$:"牲畜养殖过程会造成大量碳排放的可能性"的路径系数为 0.71,相对其他潜变量的影响系数较低,农户对于该方式对于增加碳排放量所造成的潜在威胁评估较低,这是由于近些年养殖规模的不断扩大,养殖的方式较之前更加精细化,饲料的加工、配比以及投喂时间与方式更加科学,牛的品质也在不断提升,因此农户认为科学的饲养方式会不断降低牲畜反刍所造成的碳排放量,所以并不愿意通过产生减少牲畜养殖量的方式来促进农业碳中和的实现。

本章提出的假说 H3:"农户行为效果评价对农户碳中和生产意愿有显著的正向影响"通过显著性检验,路径影响系数为 0.32,可以接受。农户对于行为效果评价的路径系数介于 0.77 ~ 0.88 并且均为正数,其中题目 $I1-2$:"碳中和行为会有效增加农业碳汇量"与 $I1-3$:"碳中和行为可以有效减少农业碳排放量"的路径系数为 0.88 与 0.86,表示农户对于行为减排增汇效果的认可,对于生产意愿的产生有积极的影响。题目 $I1-4$:"碳中和行为未来可以增加农业收入"的路径影响系数为 0.77,表明提升农户对于行为收入效应的认可对于提升生产意愿,产生的作用并没有 $I1-2$ 与 $I1-3$ 显著。因此,只有农户对行为产生了积极的评价,才会产生相应的生产意愿,因此两者之间呈现正相关。

本章提出的假说 H4："农户自我能力评价对农户碳中和生产意愿有显著的正向影响"通过显著性检验，影响路径系数为 0.27，可以接受。本书所测量的农户自我行为能力评价，主要指农户在对现有行为不足的认知基础上，面对所提出的碳中和行为，农户结合自身禀赋对实现碳中和行为所需要的技术掌握情况，学习新技术的能力，资金与时间的投入估计以及个体的生产经验作出准确的评估。如果农户缺乏相应的技能或者学习能力不足，对于碳中和生产的意向也相对较低。此外时间与金钱的投入也是关键性因素，如果农户评估自己难以承受相应的投入也难有改变生产行为的意向。由图 5-3 可知，自我能力评价对于碳中和生产意愿的影响系数为 0.27，其相应的六个观察变量的路径系数界于 0.75 ~ 0.88，其中观察变量 I2-5 农户对自我学习能力评价的路径影响系数较大，表明农户只有对自我学习能力有自信，才会产生相应的生产意愿。题目 I2-2："增加农业碳汇的技术与方法比较容易掌握"的影响路径系数为 0.62，增加农业碳汇的方式主要是增加秸秆直接还田比例、种植豆类作物等，这些方式农户认为能够掌握并且易实现，无须农户增加新的投入或者学习更多的技能，因此评价较为积极，对于生产意愿的作用效果显著。

本章提出的假说 H5："农户主观规范对农户碳中和生产意愿有显著的正向影响"经过显著性检验，影响系数为 0.27，接受该假说。主观规范的路径影响系数介于 0.7 ~ 0.85，表明意愿的产生容易受到农户感知的外界压力的影响。其中 I3-1："您在学习新的农业技术时会不会考虑周围人对您的评价"的影响系数为 0.76，表明农户普遍在意周围人对自己看法与评价，因此意愿产生时会顾虑周围人对自己的评价。I3-4、I3-5和 I3-6 是示范性主观规范的三个题目，影响路径系数普遍比 I3-2 与 I3-3 的示范性主观规范的系数高，表明亲朋好友与周围邻里给予农户的压力会更加显著地影响其意愿的产生。其中 I3-5 的路径系数为 0.85 最大，表明农户感受到的外界压力中，村干部的带头作用对于其意愿的产生影响最为明显，因为村干部作为政府部门与农户之间关键的沟通环节，在一定程度上代表着政府的形象并且与村民交流较多，对其他村民而言具有双重的可信度，因此其示范性效应会对农户的生产意愿产生更加积极的作用。

本章提出的假说 H6："农户严重性认知通过易感性间接影响农户生产意愿"。通过显著性检验，假说成立。由图 5 - 3 可知，严重性对易感性的路径系数为 0.44，易感性对农户生产意愿的路径系数为 0.24，所以严重性通过易感性对意愿的影响系数为 0.12。表明易感性是在严重性认知基础上的一种感知，所以严重性认知通过易感性认知会对意愿产生积极的影响。

本章提出的假说 H7："农户严重性认知通过行为效果与自我能力评价影响农户生产意愿"通过显著性检验，假说成立。由图 5 - 3 可知，严重性对行为效果影响与自我能力评价对意愿的影响系数分别为 0.24 与 0.31，行为效果与自我能力评价对意愿的影响系数分别为 0.32 与 0.27，严重性通过行为效果与自我能力评价对意愿的间接影响系数均为 0.08，因此农户的行为效果会受到严重性的影响，只有农户对自己行为效果所造成的后果认识清晰，才可以清晰地分别两种行为存在的差距，进而对碳中和行为效果以及自我能力有更加准确的评价，进而对意愿产生积极的影响。

除上述心理主观因素对农户生产意愿产生影响外，农户的个人特征、家庭特征以及社会资本特征均会对农户的生产意愿产生影响。基于农牧交错带农业生产特性，为更好地说明各类因素影响作用与方向，本节构建了两个多元线性回归模型分别对影响农户种植意愿与养殖意愿的外界客观因素进行分析，以期找寻两者之间的共同性与差异性。农户个人特征中性别对于农户种植意愿的影响显著，对农户养殖的意愿并不显著，并且对种植意愿存在正向作用，对于养殖意愿存在负向作用。男性作为农业生产的主要劳动力，承担着家庭更多的生活与生产负担，种植活动需要较多体力投入，在家庭中多由男性承担，因此男性对于农业生产活动更加投入与熟悉，所以在种植意愿上男性更加显著；通过调研发现，该区域牲畜棚圈多与农户家建在一起，因此养殖生产区域范围较小，无须前往较远的区域。有利于碳中和的养殖活动所涉及的行为操作较为简单，大多为在现有生产基础上的提升与改进，不需要进行较大的变化与改变。现有的牲畜喂养活动现实操作中，基于上述三个原因，女性对于养殖活动的流程与内容较种植活动更为熟悉，女性在其中的参与程度更多，因此相关系数为负数，但是并不显著。年龄在种植意愿的作用中并不显著，养殖意愿中在5%的水平下呈现正相关，这与预期影响方向相反。本节分析认为，随着农户年龄的增加，其后期继续从事农业生产的可能性越高，农业逐渐成为其主要甚至唯一的收入来源，因此希望从农业生产活动中获得更高且更为长久的收益，更加追求农户的可持续性发展模式，相应地，有利于农业生产活动提质、增效与可持续的生产意愿相对较高，所以两者存在正相关。此外，相较于种植活动，牲畜养殖活动所带来的收入是该区域农户的主要收入来源，并且年龄越大的农户养殖经验更加丰富，对于提升养殖水平与改善养殖环境的相关生产行为，在农户丰富的经验下易于操作，因此农户的生产意愿更高。教育水平对两者均有正向影响，并且种植意愿中在5%的水平下影响显著。由于种植活动受到的自然因素的影响较多，若想实现碳中和式的种植方式需要学习更多的技术并且购置新的设施，例如测土配方施肥的肥料种类、施用方式、农药使用量、节水灌溉设施的安装以及秸秆直接还田的技术，对于农户的文化要求较高，因此农户教育水平对碳中和式的种植意愿有着积极的影响。而碳中和式的养殖意愿所涉及的内容与操作相对简单，因此教育水平在其中的影响作用并不显著。此外，农户兼业与否对于从事碳中和生产的意愿并不产生显著的影响。

农户家庭禀赋方面，本节从实际耕种面积、牲畜头数、家庭人口数与收入水平四方面进行考察，发现农户的家庭人口数对两者均不存在显著的相关性，但会对其有负向的作用，这与预期结果相一致，表明需要赡养与抚养的人越多也就需要承担更大的人口压力，在面对改善环境与获得产出时，家庭人口越多越会倾向于后者。实际耕种面积对碳中和式的种植意愿呈现正相关，表明随着农户实际耕种面积增加，农户对种植的依赖程度越高，越会求得长远的发展，因此对于农业生态环境的重视程度越高，而碳中和式的种植行为有利于改善农业的生产环境，因此两者呈现正相关。养殖头数与碳中和式的养殖意愿呈现负相关，这与预期的结果存在差异。分析认为，可能存在的原因是牲畜粪便处理存在困难，养殖量的增加也伴随着粪便产量的增加，由于调研地区并没有专业的粪便处理场所与设备，不论是对粪便进行发酵还是存放，都对农户造成了一定的负担，因此养殖数量越多的农户反而具有较低碳中和式的生产意愿。家庭收入水平对于种植的影响并不显著，但是对于养殖的影响较为显著，并且影响系数为正，表明农户的收入水平越高，其相应的风险抵御能力也就越强，对于行为改善所需要投入的成本承受能力也越强，因此也就更加愿意改变相关行为。

　　农户社会资本特征的三个考察方向中，只有农户对于村集体事情的参与程度与农户生产意愿呈现正相关，表明农户对于村集体事务的参与程度越高，其相应的种植与养殖意愿越高。其余两个因素均不显著，但是都呈现正向的影响。综合而言，农户的社交范围越广，对村集体各类事项参与讨论频率越高，其获得的信息越多、越准确、越可靠，因此其相应的碳中和式的生产意愿越强。此外本节引入了地区变量，发现所调研的三个地区在种植方面的意愿存在差异，但是养殖意愿没有显著影响。其中，开鲁县与奈曼旗的种植水平比科尔沁左翼后旗的高，种植的基础设施也相对完善，对于实现碳中和种植所需要增加与改善的条件并不多，因此其相应的意愿会更高；并且就亩产而言，前两个旗县的平均亩产水平比后旗多出 200 斤/亩，加之人均耕地面积有限，农户对于种植的相关行为也更加重视，认识水平更高，相应的意愿更加强烈。

5.4　本章小结

　　本章研究的五个心理主观因素均对农户的碳中和式的生产意愿造成

了直接的影响，并且影响系数均为正值，其中严重性认知不但直接对农户生产意愿产生影响，而且通过易感性认知、行为评价以及自我能力评价对农户碳中和式的生产意愿产生影响，影响路径总系数为 0.59，是五个因素中影响最为显著的因素，其余因素的影响效果由大至小分别为行为效果评价、自我能力评价、主观规范以及易感性认知。而外界客观因素中，农户的个人特征、家庭特征与社会资本特征会从不同的角度对碳中和式的生产意愿产生影响，但是不同的影响因素对于碳中和种植与养殖意愿呈现不同程度的影响。其中种植意愿受到性别、受教育水平、实际耕种面积与村级事务参与程度的显著正向影响。养殖意愿受到农户的年龄、养殖牲畜头数、收入水平以及村级事务的参与程度的显著影响，除牲畜头数外，其他因素对意愿均呈现正向的影响。

6 农业碳中和相关生产
行为决策机制分析

现有研究中，许多学者将农户的生产意愿等同于农户的生产行为，这种观点并不严谨，依据社会心理学与行为经济学的相关研究，农户的意愿一定程度上可以预示着农户的行为，但是在实际生产中受到外界客观因素的影响，两者会出现高意愿高行为、低意愿低行为、高意愿低行为以及低意愿高行为等不同的状态。当农户判断认为某种行为可以肯定带来积极的结果，并且具有生产条件与掌握所需技术时，意愿向行为转化效果则更加明显，相反转化效率低下。因此有必要探寻造成两者之间一致性与差异性的原因。此外，农户不同的风险偏好类型会直接对农户行为决策产生影响，本章利用选择实验法对农户的风险偏好进行测度，就农户风险偏好与行为决策的关系进行了探讨与分析。

6.1 农户碳中和相关生产行为现状分析

农户最终是否实施某种生产活动是实现农业碳中和的关键因素，结合调研数据对行为现状进行描述分析，探寻实际行为与碳中和所需行为之间存在的差距，为后文农户是否实施某种行为的影响因素研究奠定基础。

6.1.1 碳中和生产行为测度方式

农户生产行为的实施与否不同于前文农户心理因素与意愿的测量，不需要农户心理评价与分析，也不存在倾向性问题，只需要基于现实状况的据实回答。农户行为的问题设置与第3章所提出的碳中和行为一致，分别是，K1："您是否按照标准或减量使用农药"，K2"您是否按照标准或减少化肥的使用量，并且增加有机肥用量"，K3："您是否将秸秆进行直接还田的处理"，K4："您是否采用节水灌溉措施"，K5："您是否对土地进行轮作，选种绿肥作物"，K6："您是否将精饲料、粗饲料与添加剂饲料进行科学合理的配比"，K7："您是否对饲料进行物理加工（切碎与碾压）、化学加工（碱化与氨化）以及生物加工（青贮与微贮）"，K8："您是否将牲畜的粪便进行充分发酵后再还田"，K9："您是否将死畜进行科学环保的处理"，K10："粪便堆放时您是否利用稻草、土或沙石进行覆盖"。在对农户进行调查时，会对所涉及的专业术语进行详细的解释，以避免与农户实际生产过程产生偏误。

6.1.2 数据的信度与效度检测

针对农户行为的调研问卷进行信度与效度检测，以检验量表设计的准确性与有效性，进而保证后续计量分析的效果。

（1）农户生产行为量表信度检验

利用SPSS23.0统计软件，对农户碳中和生产行为的调研数据进行测量，其Cronbach系数为0.928，如表6－1所示，整体的行为量表设计非常理想，可信度较高。

表 6 - 1   农户生产行为可靠性统计

Cronbach's α	基于标准化项的 Cronbach's α	项数
0.928	0.928	10

此外对每个题项的总体相关系数进行测度，结果如表 6 - 2 所示，各测量指标的 CITI 指数均大于 0.5，由于总体量表的 Cronbach 系数大于 0.9，效果较为理想，并且各题目删除后的 Cronbach 系数变化不大，因此不对题目进行删减处理。

表 6 - 2   农户生产行为总体相关系数与题目可靠性统计

题目	修正后的项与总计相关性	删除项后的 Cronbach's α
K1	0.684	0.922
K2	0.739	0.919
K3	0.689	0.922
K4	0.800	0.916
K5	0.724	0.920
K6	0.723	0.920
K7	0.595	0.926
K8	0.789	0.916
K9	0.737	0.919
K10	0.723	0.920

（2）农户碳中和生产行为量表效度检验

效度检验即对问卷有效性的一种测量。通过 SPSS23.0 软件对调研数据进行分析，首先对农户的生产意愿测量量表进行 KMO 系数测度与 Bartlett's 球形检验，结果如表 6 - 3 所示，其 KMO 系数为 0.962，Bartlett's 球形检验的卡方值为 4812.968 （自由度为 45），显著性概率值 P = 0.00 < 0.05，拒绝虚无假设，即拒绝净相关矩阵不是单元矩阵的假设，接受净相关矩阵是单元矩阵的假设，代表总体的相关矩阵间有共同

因素的存在，适合进行因素分析，结果如表 6-3 所示。

表 6-3   农户生产行为 KMO 与巴特利特检验

KMO 取样适切性量数		0.962
巴特利特球形度检验	近似卡方	4812.968
	自由度	45.000
	显著性	0.000

通过主成分分析进行因素分析，表 6-4 表示每个初始变量共同性以及抽取主成分后的共同性，抽取后共同性越低，表明该变量越不适合投入主成分中，反之越高越适合投入主成分中，并且表示该变量越有影响力。若提取数值低于 0.2，可以考虑将题目删除，本次测度发现各变量提取后的值相当，并且没有低于 0.2 的题项。

表 6-4   农户生产行为变量公因子方差

变量	初始	提取
K1	1.000	0.557
K2	1.000	0.632
K3	1.000	0.565
K4	1.000	0.719
K5	1.000	0.611
K6	1.000	0.611
K7	1.000	0.441
K8	1.000	0.701
K9	1.000	0.630
K10	1.000	0.611

提取方法：主成分分析法。

表 6-5 为采用主成分分析法抽取主成分的结果，此次共抽取一个主

成分，累计解释方差达到 60.784% ，表明提取的主成分对于原始数据具有较好的代表性。

表 6 - 5   碳中和生产行为主成分分析

成分	初始特征值			提取载荷平方和		
	总计	方差百分比	累积%	总计	方差百分比	累积%
1	6.078	60.784	60.784	6.078	60.784	60.784
2	0.642	6.422	67.206			
3	0.515	5.151	72.357			
4	0.487	4.869	77.227			
5	0.455	4.546	81.773			
6	0.429	4.294	86.067			
7	0.397	3.965	90.032			
8	0.377	3.772	93.804			
9	0.319	3.193	96.997			
10	0.300	3.003	100.000			

通过表 6 - 6 因子载荷系数可知，从 K1 至 K10 共 10 个解释变量负载在公因子上的载荷系数均大于 0.6 ，以上结果均表明本次测量量表通过了效度检验，所选的 10 个测量变量能够有效测量农户的生产意愿，可以用于后续进行计量分析。

表 6 - 6   农户生产行为变量因子载荷系数

变量	成分
	1
K1	0.747
K2	0.795
K3	0.752
K4	0.848

续表

变量	成分
	1
K5	0.782
K6	0.782
K7	0.664
K8	0.837
K9	0.794
K10	0.782

提取方法：主成分分析法。

a. 提取了 1 个成分。

6.1.3 农户生产行为现状描述与分析

由上文的信度与效度检测结果可知，农户生产行为调研数据可信并且有效，在此基础上对农户碳中和的生产意愿进行统计分析，结果如表 6 - 7 所示。农户生产行为的均值在 0.090 ~ 0.552 之间，表明不同行为的选项存在一定的偏差，有些行为采纳状况尚可，但是也有一些碳中和行为的采用率非常低。

表 6 - 7　　　　　　　　　农户生产行为现状描述性统计

变量	样本量	平均值	标准差	最小值	最大值
K1	821	0.552	0.498	0	1
K2	821	0.449	0.498	0	1
K3	821	0.171	0.376	0	1
K4	821	0.526	0.500	0	1
K5	821	0.516	0.500	0	1
K6	821	0.172	0.377	0	1
K7	821	0.090	0.287	0	1

变量	样本量	平均值	标准差	最小值	最大值
K8	821	0.150	0.357	0	1
K9	821	0.442	0.497	0	1
K10	821	0.134	0.341	0	1

由图 6-1 可知，农户碳中和生产行为 K1 "您是否按照标准或减量使用农药"中，有 55.18% 的农户表示其农药使用是合理的。主要因为第一，该地区农户种植的作物主要是青贮玉米与籽粒玉米，农户种植青贮玉米时几乎不使用农药，因为青贮的收获期是 8 月左右，此时作物已经成熟并且开始收获，发生的虫害并不会对产量产生非常严重的影响，因此使用农药的量较少。第二，农户表示种子包衣技术的推广与使用可以较好地抑制虫害的发生，很大程度上减少了农药的使用量。第三，种植青贮的主要用途是制作青贮饲料，农户认为农药残留会对牲畜的健康产生影响，面对不严重的虫害时并不会使用农药，而是会寻求一些绿色环保的杀虫方式，在调研过程中发现多数农户会进行放养式的养鸡活动，以此来捕食害虫，此外也有少数农户通过自行购买杀虫灯、沾虫板这类绿色防控设备进行灭虫。

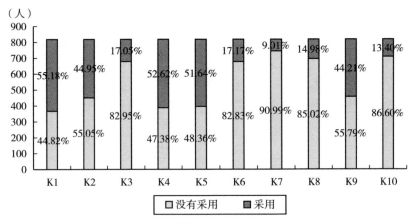

图 6-1 农户生产行为现状分布

　　但是仍有 44.82% 的农户表示其农药使用量不断增加，并且超过了说明书的标准要求。首先，对于种植籽粒玉米的农户而言，其收获期在10月1日前后，会经历虫害易暴发的夏季，因此农户不得不使用农药进行灭虫活动；其次，农户认为近些年的虫害发生频率增加，并且虫害种类不断增多是导致其增加农药使用量与使用次数的直接原因；最后，现有的农药种类都是针对地上虫害进行消灭的，面对土壤中的虫害农户普遍束手无策，并没有针对性的灭虫方式，因此农户只能利用原有的农药进行杀虫，使得效果并不显著并且用量较大。通过和农户深入交流，本节认为超量使用农药主要有以下原因：第一，部分农户为了节约成本购买了上门推销的低价农药，此类农药没有质量保证并且真实效用被推广人员夸大其词，使得农户灭虫效果较差并且不得不增加使用量；第二，很多农户认识不足导致出现"侥幸心理"，认为虫害不严重不需要按照标准使用量进行施用，选择"少量"使用农药，但是后期虫害复发，农户又需要再次使用农药来进行灭虫活动，反复的用药增加了农药使用量；第三，严重缺乏专业的技术支持，调研发现，农户提及的虫害类型在其可以购买到农药的市场上并不能全部满足，较之前使用的农药种类而言，市场上的农药变化只是替换掉了之前高毒性的农药。因此面对农药使用过程中效果不好的情况，农户只能选择再次追加使用农药的使用量，并不会对虫害类型进行准确判断并采取针对性的施药行为。第四，绿色灭虫设施购买渠道不畅，农户在被问及为何不采纳绿色防控技术时，农户表示，除5年前政府推广时获得了免费的设施外，后期农户难以找到购买渠道，因此不再使用。

　　农户碳中和生产行为 K2："您是否按照标准或减少化肥的使用量，并且增加有机肥用量"，有 44.95% 的农户表示由于养殖规模的扩大，粪肥用量的增长可以有效减少化肥的使用量，因此基本可以按照标准使用化肥。但是仍有 55.05% 的农户表示，不能够按照化肥标准或者减少化肥使用量，原因主要有：其一，农户认为有机肥对于改善土壤增加土壤碳库有着积极的作用，但是如果想获得高产，化肥的作用不可替代；其二，粪肥的供应量有限，并不能满足作物整个生长周期的肥料需求，而面对市场与上门推销的各类新型绿色肥料，农户表示其效果难以判定并且成本过高，并不愿意尝试；其三，农户为维持现有产出或者获得更高的产出，面对质量不断下降的土壤，追加化肥用量是其必然选择。

调研过程中发现，种养兼具的农牧交错带农户在进行生产时，一直将粪肥作为重要的有机肥料相伴于农户种植生产过程中，但是具体粪肥施用量并没有明确的标准，农户会依据实际拥有的粪肥量与耕种面积进行适当分配，大约一亩的使用量在800~1 500斤不等，在春季进行翻地时施用于耕地，因此粪肥的使用效率存在差异，难以判断。农户对于化肥的用量、种类分辨与施用方式存在诸多误区，造成化肥的使用效率十分低下，浪费现象严重。第一，底肥施用方式简陋。调研地区农户均采用沟施的方式将化肥撒入沟内，由于底肥与作物的间隔由于只有4~5厘米，后期并不会将底肥翻入土中，由此造成大量的蒸发浪费。第二，底肥种类混乱且用量差异大。农户使用的底肥种类没有统一固定的标准，种类包括二胺、复合肥或者两者混用，用量则从40斤/亩到80斤/亩不等，并没有依据测土配方施肥的要求根据地力状况进行操作，即使同一村子的农户使用量也存在巨大的差异。第三，追肥类型多样且混乱。追肥时农户使用的肥料类型包括复合肥、尿素与二胺，追肥量次数与追肥量也存在巨大的差异，例如有农户追尿素总量只有40斤/亩，而有农户会达到120斤/亩，大多农户通过一次或两次进行追肥活动，但是根据测土配方的要求，调研区域追100斤/亩尿素并且分5~6次施用效果最佳，因此农户的追肥效果一般并且效率低。第四，追肥方式简陋。除安装了浅埋滴灌设施的农户会采用水溶性化肥通过管道直接追肥外，其余农户的追肥方式则是分为"撒肥"与"冲肥"，其中一半的肥料直接撒入田间，剩余的肥料分两次通过水冲的方式进行。这样的追肥方式不但造成化肥的过量使用，同时难以被作物吸收，而且还会造成土地盐碱化与板结的风险。

农户碳中和生产行为K3："您是否将秸秆进行直接还田的处理"的

状况时，只有17.05%的农户表示在进行该种处理方式，而82.95%的农户表示秸秆不会进行直接还田处理。行为实施率低下的原因有两个：第一，由半农半牧区素具有的生产特点所决定。样本区的生产模式是以"种植为辅，养殖为主"，作物的地上部分均会被农户进行收割，除部分收储为粮食外其余的均会被加工为精饲料与粗饲料饲喂牲畜，田间所留秸秆只有1~2厘米，几乎没有剩余，因此也不会有直接还田的秸秆。第二，秸秆直接还田虫害严重。虽然农户对于秸秆直接还田对增加土壤碳库含量以及改善土壤质量的效果非常认可，但是普遍反映这样的操作会带来严重的虫害，即使第二年不再进行秸秆还田，仍有大量虫卵存在于土壤之中难以消灭，会造成严重的减产。

农户碳中和生产行为K4："您是否采用节水灌溉措施"中，有52.62%的农户采用了浅埋滴灌与喷灌设施，但是仍有47.38%的农户仍然在采用井水漫灌或管灌。究其原因，第一，灌溉过程不会直接增加农户生产成本。由于调研地区不需要缴纳水费，因此农户的节水意识并不强，并且农电价格较低，进行抽水灌溉所耗用的电量对农户生产并没有造成很大的影响，因此农户主动更换设施的比例并不高，52.62%的使用比例中近九成是由政府统一进行更换的。第二，农户认为换置成本较高不愿承受。根据调查估算，浅埋滴灌设施的成本大约每亩175元，软管的更换成本每年每亩40元左右，相较于成本较低的简陋灌溉设备，农户表示并不愿意承担节水灌溉设施的成本。第三，调研地区不具备农户单独安装灌溉设施的条件。47.38%未进行节水灌溉设施安装的农户集中于开鲁县与奈曼旗，这些地区的人口密度大并且耕地较为散乱，每口灌溉井有近10个农户共同使用，如果更换灌溉措施则需所有用井的农户同意，而农户往往持有不同的意见，即使有农户愿意出钱更换也难以达成。

农户碳中和生产行为K5："您是否对土地进行轮作，选种绿肥作物"的采用率为51.64%，而48.36%的农户则不采取轮作措施。通过调研发现，在51.64%种植绿肥作物的农户中，其种植规模也极小，种植类型多为豆类作为并且面积多为1~2亩，种植目的多为自家食用，即使售卖也仅限于周围邻里或村镇的商店，并没有实现所谓的大面积轮作或者规模化种植。主要原因在于豆类作物的生物质产量远低于青贮玉米，并且牲畜采食量较低，不利于开展种养兼具的生产活动。此外，农户对豆类作物的种植技术掌握不到位，种植过程中出现的各类病虫害严重困扰农户。

农户碳中和生产行为 K6 农户碳中和养殖行为中有 30.45% 的农户可以将精饲料、粗饲料与添加剂饲料进行科学合理的配比，并且针对新出生的犊牛、育肥牛、怀孕母牛与泌乳母牛都会进行专门的饲料调配。调研过程中发现，因为开鲁县拥有目前通辽市交易量最大的牛市，该县农户有着良好的肉牛流转渠道，开鲁县地区的农户对于饲料的精准配比技术掌握更加到位，农户会在每年 3~4 月之间前往市场选购犊牛，买回后进行育肥 5~6 个月，待牲畜增重 600~700 斤之后前往牛市售卖，在短期内提升肉牛的品质对于该区域的农户而言十分重要，因此农户对各种饲料的配比掌握更加精准。除开鲁地区的农户外，其他两个调研地区养殖规模较大的农户也可以精准掌握饲料配比。而剩余 69.55% 的农户表示并不能做到各类饲料的精准调配，农户在对肉牛进行饲喂时通常使用的是粗饲料（青贮饲料或秸秆饲料）加精饲料（玉米面），饲喂比例也不尽相同，其对于所谓的矿物质饲料、蛋白质饲料、添加剂饲料并不了解更不会使用。

农户碳中和生产行为 K7 当农户被问及是否能将饲料进行物理加工、化学加工与生物加工时，仅有 9.01% 的农户表示可以进行全部的加工与操作，剩余 90.99% 的农户表示并没有进行上述的加工步骤。现阶段农户通常将秸秆铡成 1~2 厘米或 3~4 厘米的小段，并且饲喂前进行揉搓与碾压处理，从而提高饲料的利用与采食率，减少由牲畜反刍活动所产生的碳排放量。但是由于缺乏相关设备，少有农户对秸秆进行膨化与颗粒化加工。针对化学加工过程中的碱化与氨化处理，仅有个别农户能够完全掌握这种方法，但是大多数农户鉴于该方法如果处置不当，会造成牲畜中毒与死亡的情况，普遍不愿意采用。生物调制法是利用有益的厌氧微生物分解饲料中的纤维素与木质素等，通常是指青贮与微贮两种方式，调研区农户只有后旗农户多进行青贮加工，而开鲁县与奈曼旗的农户受到加工场所的限制少有进行青贮加工。

农户碳中和生产行为 K8："您是否将牲畜的粪便进行充分发酵后再还田"中，仅有 14.98% 的农户会按照完整的程序进行完全发酵，采用的方法为堆积发酵，通常将粪肥堆积为 1~1.3 米的高度，夏季用时一周左右即可自然发酵，其他季节农户会在粪肥上覆盖塑料薄膜以提高发酵温度，半个月至一个月可完成发酵。但是剩余 85.02% 的农户表示并没有进行充分的粪肥发酵，问及原因主要有两个，其一是牲畜粪肥产量过多。农户表示在牲畜养殖规模不大时，有限的粪肥是极好的有机肥料，因此会非常认真地进行加工与发酵以达到高效利用的目的，但是随着养殖数量的增多，相应的粪便量也不断增多，农户因此不再"珍惜"粪肥这类有机肥料，并且认为发酵的程序过于烦琐，既耗费时间又耗费体系，也不愿意再对粪肥进行充分的发酵。其二是场地受限。现在的牲畜养殖场所多与农户家相连，并没有专门的粪便储存与加工场所，而田间地头需要堆放秸秆也不可以堆放粪便，因此农户多将粪肥简单地堆砌在棚圈内，在每年春耕之时随着翻地一起施入田间。

农户碳中和生产行为 K9 中有 44.21% 的农户可以将死畜进行科学环保的处理，调研发现这些农户的共同点在于，这些农户给家里的牲畜全部购买了保险，保险公司规定，当出现死畜时需要向其汇报才可以获得赔付，随后保险公司会专门派人拉走死畜，进行消毒与火化处理。此外，对于死畜的处置政府有明确的规定，不允许随意进行买卖处理，如被发现会被判刑并且处以罚款。剩余的 55.79% 农户的死畜处理方式主要有两种：一种是在山上随意找空地挖半米深坑，进行简单掩埋，或者直接丢弃在路边与荒地；另一种是进行非法的交易，会有不法商贩上门收购死畜，这些农户大多是法律意识淡薄的年长农户。

农户碳中和生产行为 K10："粪便堆放时您是否利用稻草、土或沙石进行覆盖"中，仅有 13.4% 的农户会采用此方法，目的有两个，一是为粪肥进行更好的发酵，二是为减少粪便堆积过程中产生的异味。但是有86.60%的农户从不对粪便进行任何覆盖，只是露天堆放，主要原因是没有合适的堆放场所并且费力又费材料，而且农户认为相关部门也没有对该做法有明确的要求，农户的采纳状况也就很低。

6.2　碳中和生产意愿与行为一致性研究

纵观现有研究，关于农户的意愿与行为的研究颇为丰富，但是诸多学者的研究通常是将两者进行单独分析，对于两者之间的转化程度与转化影响因素的研究缺乏进一步的探索。由本书第3章中构建的生产行为产生机理可知，意愿是农户内在动机的衡量指，也是行为产生的前序过程，在一定程度上预示着行为的发生。而有意识的行为是经过个体深思熟虑的结果，最终行为是由意愿在一定条件下转化而来的。本节将针对农户的碳中和生产意愿向行为转化现状展开讨论，探索其中促进意愿向行为转化的因素。

6.2.1　变量选取与假说提出

通过对现有文献梳理与实地调研发现，农户的信息获取能力、环境责任感知意识与生产习惯会对意愿向行为转化有调节作用。其中农户的信息获取能力是指反映了农户获得信息的渠道多元性，其获得信息的渠道越多，获取信息的能力越强，可以有效减少由于信息不对称所产生的影响，优化其行为决策的要素配置，提升意愿向行为的转化；农户的环境责任感知是指农户对于主动保护生态环境、节约农业资源所承担的责任与义务的心理体验，若农户有着较强的环境保护责任意识，则有助于促进行为的发生；农户的生产习惯是一种在特定的刺激与暗示下行为个体产生的内在反应机制，如果农户的习惯形成，在作出决策时会减少学习成本避免损失，提升意愿与行为之间的一致性。因此本节提出如下假说：

H1：农户的信息获取能力对意愿与行为的关系有调节作用。

H2：农户的环境责任感知意愿与行为的关系有调节作用。

H3：农户的生产习惯对意愿与行为的关系有调节作用。

农户意愿与行为的测度已在前文进行了详细的探讨，此处不再赘述。农户的信息获取能力通过五个方面进行衡量，分别是 $L1$："我可以从书刊报纸上获得相关的生产信息"；$L2$："我可以从电视、广播、网络等媒体获得相关的生产信息"；$L3$："我可以从周围邻居与亲朋好友处获得相关的生产信息"；$L4$："我可以从农药、化肥、种植与饲料售卖的市场与商店获得相关的信息"以及 $L5$："我可以从政府部门与科技推广站获得生产信息"。农户环境责任感知通过五方面进行衡量，分别是 $M1$："您是否同意，人需要与大自然和谐相处"；$M2$："您是否同意使用过多的化肥与农药会对环境产生破坏"；$M3$："您是否同意农户在环境保护中也应当付出努力"；$M4$："您是否同意自然界的平衡很脆弱，很容易被打破"以及 $M5$："您是否同意，保护环境是当代与后代人需要共同承担的责任"。农户的生产习惯通过五个问题进行衡量，分别是 $N1$："化肥与农药的使用我主要依照以前的习惯进行使用"；$N2$："作物的种植方式我主要依据以往的习惯进行"；$N3$："粪肥的发酵方式我主要依照以往的习惯处理"；$N4$："饲料的加工方式我主要依照以往的习惯进行"；$N5$："饲料配比我主要依据以往的习惯进行"。上述回答选项均按照李克特 5 级量表进行设计。

（1）调节变量的信度与效度检验

①调节变量信度分析。

此处通过 SPSS23.0 统计软件针对农户信息获取能力（L）、农户环境责任感知（M）以及农户生产习惯（N）的量表进行信度与效度的检验。通过表 6–8 可知，L、M 与 N 的 Cronbach 系数分别为 0.907、0.851 与 0.861，三个量表的设计较为良好，可信度较高。

表 6 - 8 调节变量可靠性统计

量表	Cronbach's α	基于标准化项的 Cronbach's α	项数
L	0.907	0.910	5
M	0.851	0.853	5
N	0.861	0.868	5

通过对每个量表中题目的效果进行测度，如表 6 - 9 所示，农户的信息获取能力、环境责任感知与生产习惯的 CITI 值均大于 0.5，而且各题目的 Cronbach 系数删除后变化不大，因此没有题目删除。

表 6 - 9 调节变量总体相关系数与题目可靠性估计

	修正后的项与总计相关性（CITI)	删除项后的 Cronbach's α
L1	0.720	0.898
L2	0.803	0.879
L3	0.808	0.882
L4	0.725	0.896
L5	0.800	0.880
M1	0.681	0.816
M2	0.607	0.836
M3	0.650	0.825
M4	0.660	0.823
M5	0.732	0.803
N1	0.728	0.820
N2	0.735	0.818
N3	0.581	0.867
N4	0.712	0.825
N5	0.724	0.821

②调节变量效度分析。

通过 SPSS23.0 对量表的有效性进行检验，如表 6 - 10 所示，各量表的 KMO 系数均大于 0.8，并且巴特利特球形检验通过了显著性检验，拒绝虚无假设，表明三个量表都适合进行因素分析。

表 6 – 10　　　　　　　　　调节变量 KMO 与巴特利特球形检验

量表	KMO 系数	巴特利特球形检验		
		近似卡方	自由度	显著性
L	0.890	2 647.529	10	0.000
M	0.855	1 657.439	10	0.000
N	0.876	1 857.962	10	0.000

通过主成分分析法对量表中的题目进行因素分析，如表 6 – 11 所示，各变量的提取数值均高于 0.2，表明每个题目的效果较好，没有需要删除的题目。

表 6 –11　　　　　　　　　　调节变量量表的公因子方差

变量	初始	提取
$L1$	1.000	0.672
$L2$	1.000	0.777
$L3$	1.000	0.780
$L4$	1.000	0.679
$L5$	1.000	0.772
$M1$	1.000	0.654
$M2$	1.000	0.558
$M3$	1.000	0.611
$M4$	1.000	0.624
$M5$	1.000	0.710
$N1$	1.000	0.695

变量	初始	提取
N2	1.000	0.708
N3	1.000	0.513
N4	1.000	0.678
N5	1.000	0.691

提取方法：主成分分析法。

表 6 – 12 中展示了三个量表的主成分分析的结果，三个量表均提取了一个主成分，累计方差分别为 73.613%、63.135% 与 65.703%，表示所提取的主成分具有较好的代表性，量表中的问题并没有差异。

表 6 – 12　　　　　　　　调节变量主成分分析结果

量表	成分	初始特征值			提取载荷平方和		
		总计	方差百分比	累积%	总计	方差百分比	累积%
L	1	3.681	73.613	73.613	3.681	73.613	73.613
	2	0.416	8.315	81.928			
	3	0.388	7.752	89.681			
	4	0.279	5.575	95.256			
	5	0.237	4.744	100.000			
M	1	3.157	63.135	63.135	3.157	63.135	63.135
	2	0.602	12.046	75.181			
	3	0.474	9.486	84.667			
	4	0.414	8.276	92.943			
	5	0.353	7.057	100.000			
N	1	3.285	65.703	65.703	3.285	65.703	65.703
	2	0.579	11.574	77.278			
	3	0.398	7.962	85.240			
	4	0.375	7.503	92.743			
	5	0.363	7.257	100.000			

通过表6-13可知，各题目的因子载荷系数均大于0.7，表明各题目在各自的量表中均占有重要的成分，此次测量通过了效度检验，可以进行后续的计量分析。

表6-13　　　　　　　调节变量量表题目的因子载荷系数

变量	成分
	1
L3	0.883
L2	0.882
L5	0.879
L4	0.824
L1	0.820
M5	0.843
M1	0.809
M4	0.790
M3	0.782
M2	0.747
N2	0.841
N1	0.833
N5	0.831
N4	0.824
N3	0.716

提取方法：主成分分析法。

（2）调节变量统计性描述

调节变量描述性状况如表6-14所示，通过分析可知农户的信息获取能力整体的均值为3.310，表明农户整体的信息获取能力一般，但是没有偏向于1或5的极值。其量表中题目的均值最小值为2.893，最大值为3.724，表明农户关于碳中和生产信息从书刊报纸获得的较少，从周围邻里之间获得较多。农户对于环境责任的感知整体均值为 3.769，取值接近于 4，但整体的责任感知水平仍然较低。量表中均值最大值为 3.978，农户对于不同代际间的保护环境责任感知较为显著，而对于自然环境的平衡感知相对较弱，其均值为 3.224。农户在生产习惯方面的均值为 3.560，表明农户的生产习惯较为良好，在生产过程中会参考部分原有生产习惯，但是也会发生一些变化。其中农户生产习惯较强的是农户对于作物选择与种植方式。该地区农户在种植作物时，大部分只选种玉米，其他的作物种植种类较少。而农户生产习惯较低的是饲料的调配，农户表示饲料的配比会经常依据新的饲料类型与配方进行改进。

表 6－14　　　　　　　　调节变量统计性描述

变量	样本量	平均值	标准差	最小值	最大值	峰度	偏度
L1	821	2.893	1.464	1	5	-1.426	0.013
L2	821	3.139	1.434	1	5	-1.313	-0.175
L3	821	3.724	1.175	1	5	-1.072	-0.418
L4	821	3.484	1.415	1	5	-1.401	-0.306
L5	821	3.661	1.398	1	5	-1.119	-0.558
M1	821	3.949	1.175	1	5	-0.551	-0.801
M2	821	3.739	1.006	1	5	1.202	-1.123
M3	821	3.955	1.268	1	5	-0.255	-0.986
M4	821	3.224	1.311	1	5	-0.989	-0.338
M5	821	3.978	1.140	1	5	-0.717	-0.764
N1	821	3.811	1.165	1	5	-0.176	-0.768
N2	821	3.842	1.168	1	5	-0.975	-0.559
N3	821	3.340	0.607	1	5	1.217	0.616
N4	821	3.832	1.236	1	5	-0.651	-0.680
N5	821	2.957	1.181	1	5	-1.138	-0.225

6.2.2 实证检验与结果

（1）计量模型构建

变量的调节作用是计量分析过程中常用的一种方式，其中起到调节作用的变量称为调节变量，其含义为调节因变量与自变量之间关系的变量，即 Y 与 X 的相关关系大小与方向受到 C 的影响时，表明 C 在 X 与 Y 之间起到调节作用。本书通过借鉴温忠麟（2005）的做法，构建多元层级回归法验证假设中变量对意愿与行为的调节作用，分别加入控制变量、自变量、调节变量以及自变量与调节变量交互项在回归模型中，所设计的模型如下[266]：

$$F = \beta_0 + \beta_1 A + \varepsilon$$
$$F = \beta_0 + \beta_1 A + \beta_2 J + \varepsilon$$
$$F = \beta_0 + \beta_1 A + \beta_2 J + \beta_3 C + \varepsilon$$
$$F = \beta_0 + \beta_1 A + \beta_2 J + \beta_3 C_i + \beta_4 D + \varepsilon$$

其中 F 为农户的碳中和生产行为，β_0 为常数项，A 为控制变量，J 为农户的碳中和生产意愿，C 为选取的调节变量，D 为农户碳中和生产意愿与调节变量的交叉项，ε 为残差项，$\beta_i (i = 1, 2, \cdots, k)$ 为回归系数。本模型中的变量取值均使用变量均值进行计算，同时为避免多重共线性，在引入农户意愿与调节变量的交互项时进行去中心化处理。在引入变量时，首先检验意愿的回归系数是否显著，如果显著则引入调节变量进行回归，否则停止检验；其次，在包括意愿与调节变量的回归模型中，检验两个变量的回归系数是否显著，如果显著则继续进行检验，否则停止检验；最后，在包括意愿、调节变量以及交互项的模型中进行回归分析，如果所有系数均显著则表明调节作用发挥了作用。

（2）计量结果分析

首先对数据进行相关性分析，以观测各变量之间是否有相关性，以保证后续引入多层次回归模型中进行分析。结果如表 6 - 15 所示，农户的生产意愿、信息获取能力、环境责任感知以及生产习惯与农户的碳中和生产行为之间均呈现显著的相关关系，通过相关系数来看，意愿对农户行为的影响最为明显，其次为生产习惯、环境责任感知与信息获取能力。并且在相关分析中可以看出各相关系数值均小于0.5，表示数据间不存在严重的共线性问题。

表 6 - 15　　　　　　　　　一致性影响因素相关关系矩阵

变量	行为	意愿	信息获取能力	环境责任感知	生产习惯
行为	1				
意愿	0.395 ***	1			
信息获取能力	0.204 ***	0.009	1		
环境责任感知	0.287 ***	0.256 ***	− 0.009	1	
生产习惯	0.279 ***	0.274 ***	− 0.016	0.265 ***	1

注: *** 表示在1%的显著水平。

　　通过对多元层级回归模型进行分析，结果如表6 - 16所示。模型1中只引入了控制变量，其整体模型的解释能力较低；模型2中引入了农户的生产意愿变量，模型的解释能力有所增强并且相对应的系数值为正，表明农户的生产意愿对于行为有显著的正向影响；模型3中引入了农户的信息获取能力，模型的解释能力较前两个模型有所提升，表明农户的信息获取能力对于行为的发生有着显著的正向影响；模型4在模型3的基础上引入了意愿与信息获取能力的交互项，模型4的整体解释能力相较于前三个模型有所提升，表明农户的信息获取能力在意愿转向行为时有显著的调节作用。但是在模型3与模型4中的信息获取能力系数与交互项的系数均小于意愿的系数，表明促进碳中和行为的产生的过程中，农户意愿的影响较大，假设H1成立。同理，模型5与模型7是在模型2的基础上分别引入了环境责任感知与生产习惯变量，其解释能均有所增强。模型6与模型8是分别在模型5与模型7的基础上引入了意愿与环境责任感知和生产习惯的交叉项，通过检验模型的解释能力均有所提升，因此证明环境责任感知与生产习惯在意愿转向行为时有显著的调节作用，假说H2与H3成立。

表 6 - 16　　一致性影响因素模型检验结果

生产行为	模型 1	模型 2	模型 3	模型 4	模型 5	模型 6	模型 7	模型 8
生产意愿		0.444 ***	0.439 ***	0.435 ***	0.39 ***	0.401 ***	0.386 ***	0.410 ***
信息获取能力			0.193 ***	0.181 ***				
意愿 × 信息获取能力				0.163 ***				
环境责任感知					0.230 ***	0.220 ***		
意愿 × 环境责任感知						0.272 ***		
生产习惯							0.241 ***	0.205 ***
意愿 × 生产习惯								0.269
年龄	-0.007 *	-0.007 *	-0.008 **	-0.008 **	-0.005	-0.006 *	-0.006	-0.006 **
党员与否	-0.388 ***	-0.350 **	-0.370 **	-0.394 ***	-0.313 **	-0.307 *	-0.321 **	-0.298 **
是否参与合作社	-0.226 **	-0.279 ***	-0.265 ***	-0.275 ***	-0.287 ***	-0.249 ***	-0.285 ***	-0.204 **
是否参与村集体讨论	0.064 **	0.041 **	0.044 **	0.041 **	0.034 **	0.031 **	0.036 **	0.039 **
调整后 R^2	0.117	0.161	0.199	0.224	0.194	0.238	0.192	0.229
ΔR^2	0.044	0.044	0.038	0.025	0.033	0.044	0.031	0.037
F 统计量	1.969 **	10.761 ***	12.908 ***	14.115 ***	12.517 ***	15.125 ***	12.427 ***	14.415 ***

注：***、**、* 分别表示在 1%、5% 和 10% 的显著水平。

为进一步说明调节作用对于农户碳中和生产意愿向行为转化的调节作用，借鉴阿利肯（Aliken，1991）的方法，将各调节变量增加与减少一个标准差，进而将其划分为高低两组，以反映在不同调节变量的背景下农户碳中和生产意愿对行为的影响状况。如图 6 - 2 所示，信息获取能力较强的农户，意愿对行为的正向影响作用较强；而信息获取能力较低的农户，意愿对行为的正向作用则较弱。

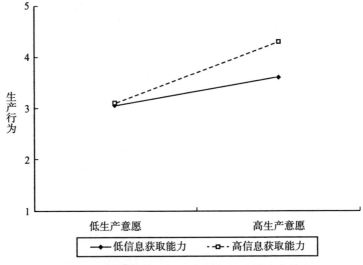

图 6 - 2　信息获取能力对意愿与行为的调节效应

如图 6 - 3 所示，环境责任感知对于低生产意愿的农户而言，在意愿转化为行为时会有轻微的抑制作用，但是随着生产意愿的不断提升，环境责任感知越强，越有利于意愿向行为的转化，而环境责任感知较弱的农户，意愿对行为的正向作用则相对较弱。

如图 6 - 4 所示，生产习惯对于低生产意愿的农户而言，在意愿向行为时会有轻微的抑制作用，但是随着生产习惯的不断提升，对于意愿向行为转化的正向作用越大，而生产习惯较弱的农户，对于意愿向行为转化的正向作用越小。

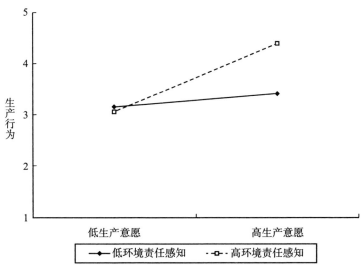

图 6 - 3 环境责任感知对意愿与行为的调节效应

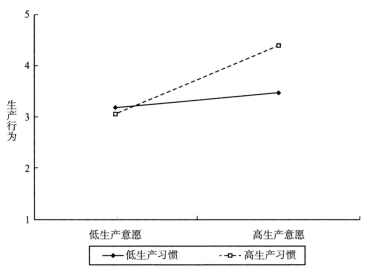

图 6 - 4 生产习惯对意愿与行为的调节效应

6.3　碳中和生产意愿与行为悖离研究

通过上一节的研究表明，意愿对于行为的发生会产生积极的影响。但是有学者研究发现虽然许多农户对于亲环境价值观非常认同，却在实际生产行为中却没有明显的发生变化[267]，并且将这种现象称为意愿与行为的悖离。[268]因此农户的意愿与行为可以概括为"整体一致，局部差异"，本节将针对样本农户的碳中和生产意愿与行为悖离现象展开讨论，探索影响农户产生悖离现象的影响因素。

关于意愿与行为悖离现象的发生原因，主要归结为两个方面：其一，调研误差导致。其二，现实限制因素导致。因此为避免因调研过程中导致两者之间的差距，本次研究在问题设计时尽量将问题进行了准确与细致的描述，并且在调研工作开展时，清晰地向农户进行了讲解以避免产生理解偏误的问题。此外，回答选项设计中采用了李克特多级量表法，以避免农户的回答只有是否两个选项。因此本节主要针对可能导致农户意愿与行为悖离的因素进行讨论。

6.3.1　悖离因素的变量选取与说明

本节认为影响农户意愿与行为悖离的现实因素主要可以分为三大类，分别是个体与家庭因素，社会因素以及农户评价与判断。因此利用 Logit 模型对造成差异化的影响因素开展实证分析，根据分析结果选取显著的影响因素并借助 ISM 模型进一步探索影响因素的逻辑层次结构，为更好地实施碳中和行为奠定理论基础与实践经验。

由于前文对行为与意愿的考察方式的测量指标不同，对行为考察方式是利用二变量进行统计，如果农户采用了相关的行为记为 1，如果没有采用记为 0。意愿考察方式是通过李克特 5 级量表的考察方式进行统计，为判别农户是否发生了意愿与行为的悖离，本节将农户的意愿分为两大类，分别是愿意与不愿意。原选项中"愿意"与"非常愿意"属于愿意，"不愿意"与"非常不愿意"属于不愿意，在调研中发现，农户对于"一般"的定义并非不愿意采纳碳中和行为，只是现阶段不太确定，如果要求采用或者周围人采用得多，该群体是愿意采纳该种行为的，所以将这部分群体划归为愿意的群组。在进行行为与意愿一致性考察时，此处参考龚继红等（2019）的做法[269]，将行为与意愿的取值进行加权平均取值，分别表示农民的生产意愿和生产行为水平，而后将两者进行差值计算，所得差值表明了两者之间的差异，按照差值均值为标准进行划分，如果所得差值绝对值低于平均值，则表明两者之间不存在差异，记为"0"；如果差值的绝对值大于均值，则表明两者之间存在差异，记为"1"。其余变量的描述如表6-17所示。

表6-17 悖离影响因素变量定义与统计特征

	变量	变量定义	均值	标准差	预计
个人特征	性别	1=男性；2=女性	0.669	0.471	负向
	年龄	实际年龄	47.384	10.312	正向
	教育水平	1=文盲；2=小学毕业；3=初中毕业；4=中专高中；5=大专本科	3.552	1.925	负向
	兼业与否	1=兼业；0=不兼业	0.453	0.498	正向
	村干部否	1=村干部；0=非村干部	0.115	0.319	负向
	党员否	1=党员；0=非党员	0.123	0.329	负向
家庭特征	种植规模	实际耕种面积的对数	3.414	0.972	负向
	养殖规模	实际牲畜头数的对数	2.794	1.029	负向
	家庭人口数	实际家庭人口数	4.029	1.359	负向
	收入水平	实际农业收入对数	10.513	0.985	负向
社会参与程度	政策效果评价	1=很差；2=较差；3=一般；4=比较好；5=非常好	4.317	1.033	正向

续表

变量		变量定义	均值	标准差	预计
社会参与程度	公共事务参与程度	1 = 从不；2 = 几乎不；3 = 一般；4 = 偶尔；5 = 经常	2.291	2.385	正向
	手机联系人数	实际手机人数的对数	4.752	1.111	正向
个人行为评价	严重性认知	1 = 没有影响；2 = 影响很小；3 = 一般；4 = 稍有影响；5 = 影响严重	3.470	1.132	负向
	易感性认知		3.542	1.218	负向
	行为效果评价	1 = 肯定不会；2 = 应该不会；3 = 一般；4 = 可能会；5 = 肯定会	3.563	1.088	负向
	自我能力评价		3.840	0.914	负向
	主观规范评价		3.801	0.977	负向
现实情景	各类农资购买难度	1 = 低；2 = 比较低；3 = 中等；4 = 较高；5 = 非常高	2.797	0.802	正向
	即时情景		2.619	0.725	正向
	现有生活的满意程度		3.722	0.862	正向

6.3.2　意愿与行为悖离的实证检验结果与分析

（1）模型选取

①Logit 二值选择模型。

本节的解释变量是农户碳中和生产行为与意愿的悖离与否，取值由意愿与行为两部分取值之差的绝对值构成。如果行为与意愿一致，则二者取值之差为 0，如果行为与意愿不一致，则两者取值的差值为 1，故通过建立二元 Logit 模型进行影响因素分析，其具体形式为：

$$p = F(y = 1 \mid X_i) = \frac{1}{1 + e^{-y}} = \frac{\exp(\beta_0 + \sum_{j=1}^{n} \beta_j x_{ij})}{1 + \exp(\beta_0 + \sum_{j=1}^{n} \beta_j x_{ij})}$$

式中 y 为农户行为与意愿的悖离取值。P 表示发生悖离的概率。$X_i(i = 1，2，\cdots，n)$ 是影响农户行为与意愿悖离与否的因素。

$$y = \beta_0 + \sum_{j=1}^{n} \beta_j x_{ij}$$

其中 β_0 为截距项，β_{0j} 为第 j 个变量的回归系数，n 为自变量的个数，x_{ij} 为第 i 个农户第 j 个变量的取值，通过对公式两边取对数得到化简的形式：

$$y_i = \ln\left(\frac{p_i}{1 - p_i}\right) = \beta_0 + \sum_{j=1}^{n} \beta_j x_{ij}$$

②ISM 模型。

目前针对农户意愿与行为悖离的研究多是基于计量模型分析，从中测量显著性影响因素，但是这些因素之间的逻辑关系与影响方式并不能进行清楚的探讨，因此本节以此为出发点，在甄别对悖离情况产生显著性影响因素的基础上，进一步对影响悖离因素之间的相互关系以及层次关系进行研究，进而识别影响系统的顶层因子。其中应用较为广泛的是系统结构模型（system structural model），该模型利用有向连接图来描述系统内部各因素之间的关系，国内外诸多学者对该模型进行了详细的探讨，美国学者华菲尔特（1973）为分析社会经济系统相关问题研究开发了系统解释结构模型（interpretative structural modeling，ISM），该模型可以较为清晰地分析变量较多并且变量之间的结构较为复杂，以及系统结构关系烦琐并且关系不显著的系统分析，因此该模型被广泛应用于农户意愿与行为以及行为悖离的相关分析中，例如王火根（2018）通过 Logit – ISM 模型发现，影响农户生物质能利用意愿的影响因素分为表层直接因素（生物质能价值认知、生物质企业市场化程度和优惠政策重要性认知）、中层间接因素（生物质能的了解程度、家庭收入、环保法规的认知、社会经济发展水平、技术服务体系和对政府工作满意度）以及深层根源因素（受教育程度、农业技术知识培训和村庄规模）三类。[270] 葛继红（2017）研究发现，污染企业周边农户环保支付意愿的影响因素同样分为三层，并且通过两条路径对支付因素产生影响，分别是深层的污染距离与受教育程度影响家庭年收入与对污染的担忧，进而对生活的满意程度产生影响，最终对其支付意愿产生影响；另一条路径是深层根源的亲朋好友支付意愿对中层间接因素的环境污染担忧程度产生影响，进而对表层生活满意程度产生影响，最终影响其支付行为。[271] 孙世民（2012）对于养猪户安全生产意愿展开研究，发现行为态度与产地检验是表层直接因素，对于兽药使用与残留危害的认知是中间层的间接因素，而养殖户的文化水平、养殖规模与方式则是深层的根本因素。[272] 由此可知，不同影响因素在其中发挥着不同的作用，因此建立 ISM 模型对分析影响因素的层次关系以及顶层因子具有很好的实践意义。

解释结构模型（ISM）是用于探究系统内部的结构与层次的有效方法，并且可以识别系统内关键性因素以及探讨因素之间的层次关系。在计算机技术支撑的基础上，该方法通过建立模型的关联矩阵分析整个系统的结构与层次，同时可以表示各因素之间的相互关系以及相互制约的结构关系，进而利用图像来直观地表达因素之间的逻辑关系，以此来研究系统内因子之间的层次关系以及顶层因子的识别。在构建时大致分为五个步骤：第一，确定影响因素；第二，借助理论分析构建邻接矩阵；第三，计算可达矩阵；第四，划分要素等级；第五，绘制要素间的多层有向图（见图 6 - 5）。

图 6 - 5　ISM 结构方程模型具体步骤

具体而言，进行 ISM 分析时，首先利用 Logit 模型分析影响农户行为与意愿悖离的因素，并且结合相关理论分析，构建各影响因素之间是否"相互影响"或者"互为前提"的关联矩阵。

$$r_{ij} = \begin{cases} 1(S_i \text{ 对 } S_j \text{ 有影响}) \\ 0(S_i \text{ 对 } S_j \text{ 没有影响}) \end{cases} \quad (i=0, 1, 2, \cdots, k; j=1, 2, \cdots, k)$$

运用 Matlab7.0 软件对关联矩阵进行运算，求得可达矩阵：

$$M = (R+I)^{\gamma+1} = (R+I)^{\gamma} \neq (R+I)^{\gamma-1} \neq \cdots \neq (R+I)^{2} \neq (R+I)$$

其中 I 为单位矩阵，$2 \ll \gamma \ll k$，矩阵中的幂运算利用布尔运算法则。

$$P(S_i) = \{S_i \mid m_{ij} = 1\}, \quad Q(S_i) = \{S_i \mid m_{ji} = 1\}$$

$$L_1 = \{S_i \mid P(S_i) \cap Q(S_i) = P(S_i); \ i = 0, 1, \cdots, k\}$$

由公式将可达矩阵分为可达集合 $P(S_i)$ 与前因集合 $Q(S_i)$，并且均可以表示在可达矩阵中的因素 S_i 出发可以到达的全部因素集合，其中 m_{ij} 与 m_{ji} 均为可达矩阵中的因素。由上式可以确认最高层的影响因素以及其余层的影响因素，具体操作为每次计算时，将最高一层的影响因素去除，再重复进行计算，得到位于每一层的影响因素。最后用指向性的箭头标明不同邻层与同层之间的关系，得到影响农户行为与意愿悖离的影响因素的层次结构。

（2）计量结果与分析

①Logit 模型结果分析。

进行 Logit 模型回归之前，对各变量进行了多重共线性检验，结果显示方差膨胀因子（VIF）小于 10，表明变量之间不存在共线性问题。利用 SPSS23.0 软件对影响农户意愿与行为悖离的因素进行分析，结果如表 6 – 18 所示，此表格只展示了显著影响因素。

表 6 – 18　　　　　意愿与行为悖离显著影响因素估计结果

变量	系数	显著性	Exp（B）	Exp（B）的95%置信区间	
				下限	上限
户主性别	0.417**	0.013	1.517	1.091	2.109
兼业否	0.345**	0.032	1.412	1.029	1.936
村干部	− 0.765**	0.018	2.150	1.138	4.062
家庭收入水平	− 0.262***	0.009	0.770	0.632	0.937
严重性认知	− 0.142*	0.052	0.868	0.752	1.002
行为效果评价	− 0.213***	0.009	0.808	0.689	0.948

变量	系数	显著性	Exp（B）	Exp（B）的95%置信区间	
				下限	上限
各类农资购买难度	0.262 **	0.015	1.299	1.053	1.603
即时情景	0.167 **	0.034	1.182	1.012	1.381
生活满意程度	0.185 **	0.093	1.203	0.970	1.491

注：*、**、*** 分别表示系数在10%、5%与1%的统计水平上显著。

第一，农户个体特征。农户的性别、兼业状况以及村干部的身份分别在1%、5%与5%的统计水平上显著，并且分别呈现正向、正向与负向的影响，这与预期所估计的结果相一致。表明男性相较于女性，更容易发生行为悖离的情况，调研发现，男性作为家庭主要劳动力，对于生产实际情况也更了解，面对时间、空间以及资本的限制，其所作出的决策更加理性化，在考虑效果的同时，也会考虑各类物资的投入与资源的使用情况，因此即使有意愿最终的行为也难以产生。农户若是从事非农业就业，则更容易产生意愿与行为悖离的情况。从事非农就业的农户相对于全职的农户，对于农业生产的关注与思考较少，因此面对新型生产方式与技术，短时间内较难掌握与适应，即使有意愿也难最终产生行为。农户村干部的身份对意愿与行为的悖离起到了显著的负向作用，表示作为村干部的农户所出现的悖离现象明显少于普通农户，作为村干部的农户具有较高的文化水平与政治觉悟，同时拥有诸多的资源保证，并且村干部在村子里需要赢得更多农户的信任与尊重，其在作出决策时需要树立良好的模范作用，因此村干部意愿转化为行为的比例更高。

第二，农户家庭特征。诸多农户的家庭特征中，只有收入水平对意愿与行为的悖离关系呈现显著的负向影响，调研过程中也发现，不论是购置新型设施，还是选种新型作物，或是加强农户专业化养殖技术，均需要有资本的投入，因此悖离情况受到自身资本积累的约束较为明显。

第三，个人行为评价。严重性认知水平越高，行为效果评价越积极，则农户发生意愿与行为悖离的情况越少。农户严重性认知水平越高，则更加清楚现有行为对碳中和所造成的不利影响，对现实的判断越准确，相应的碳中和含义理解越清晰，这样不但有利于提升其意愿，也可以加强其意愿的转化行为效果。而农户对于碳中和行为效果的判断越积极，表明其对于行为结果所带来的积极效果越认可，这种对于行为效果的直接评价可以有效减少意愿与行为的悖离情况。

第四，现实状况满意程度。通过农户对于现实状况的评价发现，农户所需各类农资购买难度越大，突发状况越多以及对现有生活越满意，则越容易出现意愿与行为悖离的情况。首先，农户有意愿购买相关绿色防控设施或者牲畜各类配比的饲料，并且前去购买时却发现并不能买到所需的物资，被迫放弃采纳相关的生产行为；其次，如果出现突然的虫害等问题时，农户需要一个及时且高效的农药来发挥作用，不会考虑所谓的碳排放或者环保问题，即使有效果非常好的环保型农药或者物理杀虫装置，农户也会因为其价格过高而放弃购买，所以对于出现的突发状况，即使农户有意愿最终也难以产生行为；最后，农户对现有生活满意程度评价越高，发生改变的动因不足，即使有意愿最终也不会产生行为。

②ISM 解释结构模型结果分析。

由上述 Logit 回归模型可知，影响意愿与行为悖离的显著影响因素包括：农户性别、兼业状况、村干部身份、农户家庭收入水平、严重性认知、行为效果评价、各类农资购买难度、即时情景发生以及生活满意程度共9个因素，本节用 S_i（$i=1，2，\cdots，9$）表示，农户碳中和生产的意愿与行为悖离状况用 S_0 表示。通过理论分析构建各因素间的逻辑关系图，确定因素之间是否存在"互为前提"或"相互影响"的关系，如图 6-6 所示，"A"表示列因素对行因素产生直接或间接影响，"V"表示行因素对列因素产生直接或间接影响，"O"表示因素之前互不影响。

由图 6-6 与公式，得到影响因素间的邻接矩阵 R，如图 6-7 所示。

$$
\begin{array}{|c|c|c|c|c|c|c|c|c|c|}
\hline
A & A & A & A & A & A & A & A & A & S_0 \\
\hline
O & O & O & O & V & V & O & V & S_1 \\
\cline{1-9}
A & O & V & V & O & O & A & S_2 \\
\cline{1-8}
O & O & O & O & V & V & S_3 \\
\cline{1-7}
A & V & V & V & O & S_4 \\
\cline{1-6}
A & O & V & V & S_5 \\
\cline{1-5}
O & O & O & S_6 \\
\cline{1-4}
O & O & S_7 \\
\cline{1-3}
O & S_8 \\
\cline{1-2}
S_9 \\
\end{array}
$$

图 6 – 6 意愿与行为悖离影响因素逻辑关系图

$$
R=\begin{array}{c}
 & S_0\ S_1\ S_2\ S_3\ S_4\ S_5\ S_6\ S_7\ S_8\ S_9 \\
\begin{array}{c}S_0\\S_1\\S_2\\S_3\\S_4\\S_5\\S_6\\S_7\\S_8\\S_9\end{array}
&
\left[\begin{array}{cccccccccc}
1&0&0&0&0&0&0&0&0&0\\
0&1&1&0&1&1&0&0&0&0\\
0&0&1&0&0&0&1&1&0&0\\
0&0&1&1&1&1&0&0&0&0\\
0&0&0&0&1&0&1&1&1&0\\
0&0&0&0&0&1&1&1&0&0\\
1&0&0&0&0&0&1&0&0&0\\
1&0&0&0&0&0&0&1&0&0\\
1&0&0&0&0&0&0&0&1&0\\
0&0&1&0&1&1&0&0&0&1
\end{array}\right]
\end{array}
$$

图 6 – 7 意愿与行为悖离影响因素间的邻接矩阵

进一步根据公式，结合 Matlab 软件求得可达矩阵 M，如图 6 – 8 所示。

$$
M=\begin{array}{c}
 & S_0\ S_1\ S_2\ S_3\ S_4\ S_5\ S_6\ S_7\ S_8\ S_9 \\
\begin{array}{c}S_0\\S_1\\S_2\\S_3\\S_4\\S_5\\S_6\\S_7\\S_8\\S_9\end{array}
&
\left[\begin{array}{cccccccccc}
1&0&0&0&0&0&0&0&0&0\\
1&1&1&0&1&1&1&1&1&0\\
1&0&1&0&0&0&1&1&0&0\\
1&0&1&1&1&1&1&1&1&0\\
1&0&0&0&1&0&1&1&1&0\\
1&0&0&0&0&1&1&1&0&0\\
1&0&0&0&0&0&1&0&0&0\\
1&0&0&0&0&0&0&1&0&0\\
1&0&0&0&0&0&0&0&1&0\\
1&0&1&0&1&1&1&1&1&1
\end{array}\right]
\end{array}
$$

图 6 – 8 意愿与行为悖离影响因素间的可达矩阵

最后依照最高层因素确定方法，得到 $L_1 = \{S_0\}$，之后依次得到 $L_2 = \{S_6, S_7, S_8\}$，$L_3 = \{S_2, S_4, S_5\}$，$L_4 = \{S_1, S_3, S_9\}$。依据图 6 - 8 的可达矩阵的测算，得到影响因素的层级结构 T，为方便观察将同一级因素用方框框出（见图 6 - 9）。

$$T = \begin{array}{c c} & \begin{array}{cccccccccc} S_0 & S_6 & S_7 & S_8 & S_2 & S_4 & S_5 & S_1 & S_3 & S_9 \end{array} \\ \begin{array}{c} S_0 \\ S_6 \\ S_7 \\ S_8 \\ S_2 \\ S_4 \\ S_5 \\ S_1 \\ S_3 \\ S_9 \end{array} & \left[\begin{array}{cccccccccc} 1 & 0 & 0 & 0 & 0 & 0 & 0 & 0 & 0 & 0 \\ 1 & 1 & 0 & 0 & 0 & 0 & 0 & 0 & 0 & 0 \\ 1 & 0 & 1 & 0 & 0 & 0 & 0 & 0 & 0 & 0 \\ 1 & 0 & 0 & 1 & 0 & 0 & 0 & 0 & 0 & 0 \\ 1 & 1 & 1 & 0 & 1 & 0 & 0 & 0 & 0 & 0 \\ 1 & 1 & 1 & 1 & 0 & 1 & 0 & 0 & 0 & 0 \\ 1 & 1 & 1 & 0 & 0 & 0 & 1 & 0 & 0 & 0 \\ 1 & 1 & 1 & 1 & 1 & 1 & 1 & 1 & 0 & 0 \\ 1 & 1 & 1 & 1 & 1 & 1 & 1 & 0 & 1 & 0 \\ 1 & 1 & 1 & 1 & 1 & 1 & 1 & 0 & 0 & 1 \end{array} \right] \end{array}$$

图 6 - 9 意愿与行为悖离影响因素间的结构矩阵

依据结构矩阵，用箭头连接各影响因素得到结构模型图，如图 6 - 10 所示，造成碳中和生产意愿与行为悖离的因素可以分为三层。其中第一层包括三个因素，这三个因素分别是即时情景、农资购买难度、预计行为效果判断，这三个因素是最为直接也是最为重要的。当农户有意愿开展碳中和生产活动时，却没有渠道或途径购买到所需的各类物资，或者所购买的相关物资质量难以保证，均会阻碍农户最终采纳行为。调研中也发现，牲畜养殖过程中所需要的维生素等饲料添加剂，农户方便购买的商店并没有销售；种植过程中所需的有机肥料或者菌肥并没有销售，偶尔有售卖也是有肥料公司的推销人员进行上门推销，这样的售卖方式农户并不信任；此外，除虫的物资只有农药，并没有售卖杀虫灯或者沾虫板这些绿色除虫物资。因此相关物资的购买难度与物资质量的保障，是直接影响农户实施碳中和行为的因素。对于突然发生的情景，例如突发的虫害，农户并不会考虑选用是不是环保的农药，会采用大量使用农药尽快消灭虫害的方式保证作物生长不受到影响；如果出现连续降雨降雪，导致田间的秸秆不能及时收作饲料时，牲畜的粪便也只能堆积在棚圈中，并不能在田间进行充分发酵活动，也不会对粪便进行覆盖来减少相关的碳排放。所以出现各类突发状况时，农户会选择有效、省时、省事的方法进行解决，不会采用碳中和的生产方式。同时，农户对于碳中和的行为效果评价会直接影响意愿与行为的悖离，如果农户认为碳中和行为的效果显著并且评价积极，即表明其对于碳中和行为的认可，也就是说其对于碳中和行为的碳减排与碳增汇效果持有肯定的态度，并且认为实施碳中和行为在提高生产率的同时有利于其增收，这一关键的心理判断会使农户减少意愿与行为的悖离。

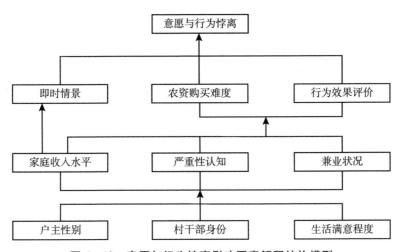

图 6 – 10　意愿与行为悖离影响因素解释结构模型

中间层的间接影响包括三个因素，即家庭收入水平、严重性认知以及农户兼业状况，三者对于上一层的农资购买难度以及行为效果的判断产生影响，并且家庭收入水平会对即时情景产生影响。农户的家庭收入水平代表了一个家庭的经济实力，收入水平决定了投入程度以及购买能力，收入较高的农户面对突发的状况或者购买物资时，会有更多的渠道与选择，能够承受的投入成本更高，由此对于行为效果的判断也会比较积极。因此家庭收入会通过即时情景、农资购买难度以及对行为效果评价间接对意愿与行为悖离产生影响。严重性认知对行为效果的影响在前文已进行了详细讨论，兼业农户由于投入与关注程度相对于全职农户较低，因此行为效果会有消极评价，并且农资购买的难度会更高。农户严重性认知以及兼业状况会间接对意愿与行为悖离产生影响。

农户的性别、村干部身份以及对生活满意程度是最深层的根源因素，可见这三个因素是根本的原因，这些因素会影响农户的社交范围、社会地位、认知水平以及生活追求等各类因素，最终会间接影响意愿与行为的悖离状况。

6.4 农户风险偏好对生产行为决策影响研究

农业作为一个高风险产业，受到来自自然与市场的双重风险，农户作为主要的生产群体，进行各类生产决策时也会承担相应的风险，因此在现实状况下的行为选择，不但会受到意愿的影响，农户本身的风险偏好会对农户各类行为产生直接影响。本节通过测度农户的风险偏好认定调研区域农户的风险类型，进而通过模型，分析不同风险类型农户的碳中和行为实施状况。

6.4.1 农户风险偏好对生产行为影响的理论分析

不同农户由于个体特征与外界环境的差异，对于风险呈现不同的偏好，而这种差异会对其行为决策产生直接的影响。现有的研究通过多种方式对农户的风险状况进行测度，普遍认为农户属于风险厌恶型[273]~[274]，并且受到多种因素的影响[275]，也有学者认为农户属于风险偏好型[276]~[277]，不论农户对于风险的偏好如何，都会直接或间接地对其各类生产决策行为产生影响。

有学者针对农户技术采纳行为的影响开展研究，高杨（2019）通过测度农户的风险厌恶程度，证明农户的风险厌恶会对绿色防控技术的采纳行为产生显著的负向影响。[278]储成兵（2015）认为农户的风险承受能力越高，对于 IPM 技术的采纳概率与密度则越高。[279]而郭建鑫（2017）则发现农户的风险偏好类型对互联网技术的采纳行为并不会产生什么影响。[280]同样，农户的风险偏好会对其要素投入行为产生影响，贾斯特等（Just et al.，1978）、奈特等（Knight et al.，2003）与卡德纳斯等（Cardenas et al.，2005）认为，发展中国家农户的风险规避特性会阻碍在农业生产生的投资行为，更多的农户会选择低风险的投入行为，结论认为这是导致农户陷入贫困的原因之一。[281]~[284]侯麟科（2014）认为，风险规避型的农户会更多地采取低风险的品种，并且风险偏好对大农户进行要素投入决策时产生更为显著的影响。[285]陈超等（2019）发现桃农有着较高的风险偏好，会更加倾向于少量地使用化肥与农药，这与农产品本身的属性有着强烈的相关性。[286]再有农户的风险偏好会对其农林业生产、经营、流转等行为产生影响，例如朱臻等（2015）发现，南方集体林中风险规避程度高的农户会选择传统的生产经营模式，而追求风险的农户则愿意开展规模化的经营方式。[287]赵佳佳（2017）发现苹果种植户总体上是风险厌恶的，但是面临损失时是偏好风险的。[288]

综上可知，多数农户在决策中常常对风险表现出厌恶情绪，作出决策时会兼顾追求利润最大化与风险最小化，虽然决策在某些方面表现出不合理的状况，但这是农户"减少风险"的一种理性决策行为。而本书所研究的生产行为，属于有利于农业碳中和实现的一种技术密集型行为，对于农户个体能力以及相关的投入有着较高的要求，并且需要兼顾种植与养殖两方面的活动，农户采纳更多的生产行为存在着一定的风险。具体而言分为两个方面，第一，采纳碳中和生产行为会增加成本，但对应的收益却不稳定。当前中国的农产品价格波动较为频繁，并且绿色农产品销售市场的建立并不完善，农户采用碳中和所需要的生产行为会增加投入成本，但是生产的农产品在市场上并没有体现其价格优势，同时对环境所产生的正外部性效应并不会给予农户更多的报酬与补贴，使得农户的净收入并不稳定。第二，农户对实现碳中和生产的技术掌握水平较低。由于实现碳中和生产行为对于农户本身有着较高的要求，在农户不能完全掌握技术的情况下，会出现适得其反的效果，例如农户在秸秆还田前缺少灭虫杀菌环节，不但难以改善土壤质量反而增加了土壤中病虫害的发生概率；在放置杀虫灯或黏虫板等绿色杀虫设施时没有合理规划密度与时机，使得杀虫效果不佳；在对秸秆进行氨化时不能够掌握科学投放的比例，不但没有起到改善牲畜采食的状况，反而出现牲畜食用后致死的状况。因此农户的风险厌恶程度越高，对于碳中和生产行为实施的概率越低，但是随着农户参与生产的年限的增加，积累的生产经验与生产信息获取的渠道越多，一定程度上可以有效缓解风险厌恶对碳中和行为的抑制作用，因此提出如下假说：

H4：风险厌恶型的农户对于行为决策有显著的消极影响。

H5：生产年限的增加可以缓解风险厌恶对行为发生的抑制作用。

6.4.2 农户风险偏好测度

农户风险偏好的测度是一个重点问题，测度方法主要包括三类。第一类方法是通过直接提问的方式，通过农户自行判断确定其风险偏好[289]~[290]，该方法虽然降低了时间与物质成本，但是由于个体认知水平以及自我评估的差异，取得的数据带有强烈的主观性，难以保证农户真实的风险偏好。[291]第二类方法是通过间接的方式，测度农户对于个人特质（冒险、刺激、冲动）或根据其已经发生的行为反推农户的风险偏好[292]，此方法由于是一种间接的测度方式，两者之间测量差异很难消除，并且个体风险偏好受到所决策变量特征的影响，并不是单一的稳定变量，因此在使用时受到很多限制，所测得的结果存在很大的偏误。[293]第三类方法是通过设计的实验，使个体在模拟场景中发生选择行为，进而判定个体的风险偏好[294]，该方法可以弥补前两种方法的不足[295]，本书采用第三种测度方式对农户的风险偏好进行测度。

通过选择实验法进行风险测度时，多基于效用理论（Expected Utility，EU）或前景理论（Prospect Theory，PT）的风险决策理论设计实验，通过对被测试者对于财产增减而发生的选择行为，判断其对于风险的偏好，运用范围较广的是 MPL 法与 TCN 法。相较于 MPL 法，塔纳卡（Tanaka）等结合前景理论构建了新的价值函数，更加具体地体现农户对于收益与损失的不同风险偏好，本节选用 TCN 方法并参照刘（2013）的研究[296]，构建农户的效用函数：

$$U(x,\ p;\ y,\ p) = \begin{cases} v(y) + w(p)\left[v(x) - v(y)\right], & x > y > 0 \text{ 或 } X < y < 0 \\ w(p)v(x) + w(q)v(y), & x < 0 < y \end{cases}$$

$$v(x) = \begin{cases} x^{1-\sigma}, & x > 0 \\ -\lambda(-x)^{1-\sigma}, & x < 0 \end{cases}$$

$$v(p) = \exp\left[-(-\ln p)^{\alpha}\right]$$

上式中，U 表示农户的效用函数；v 表示值函数，表示收入可以给农户带来的效用；x 与 y 分别表示"幸运事件"所获得的高收入与低收入；p 与 q 分别表示获得高收入与低收入的概率；$w(p)$ 与 $w(q)$ 分别表示两种概率效用函数的权重。σ、α、λ 分别表示三种的风险规避系数：σ 表示农户风险的规避系数，其数值越大表示农户对风险越厌恶；α 表示农户对于小概率事件的重视程度，其数值越大表示对小概率事件的重视程度越低，行为更加保守；λ 表示对于损失的规避程度，数值越大表示奖金金额减少给农户带来的负效用大于农户奖金金额增加带给农户的正效用，农户行为更加保守。

为获得农户的风险偏好系数的取值区间，需要依据 3 个游戏设立不等式进行求解。如表 6-19、表 6-20、表 6-21 所示本节设计了 3 组游戏，分别记为游戏 1、游戏 2、游戏 3。其中游戏 1 与游戏 2 每个游戏有 14 组选项，游戏 3 有 7 组选项，每个游戏里有 A 与 B 两个方案，其中 A 方案的风险较低，奖金的金额保持不变，B 方案的风险较高，奖金金额逐渐提高。例如，在游戏 1 中，A 方案有 3 张 20 元的卡片和 7 张 5 元的卡片，农户获得 20 元的概率为 0.3 而获得 5 元的概率为 0.7，B 方案中有 1 张 34 元的卡片和 9 张 2.5 元的卡片，农户获得 34 元的概率为 0.1，而获得 2.5 元的概率为 0.9。对比两个方案，农户选择 A 方案可获得的最高奖金金额为 20 元，比 B 方案少 14 元，但是获得最高奖金的概率要高 0.2，因此风险相对较小。但是 B 方案中的奖金金额会不断增加，从最初的 34 元提升至 850 元，农户会在某一组选项中从 A 转向 B，通常越具有冒险精神的农户会越早地由 A 转向 B。游戏进行时，调研人员按照编号依次询问农户的选择意愿，并分别记录每一组当中农户由 A 转向 B 的编号。游戏开始前调研人员会告知农户，在最后游戏完成后会随机抽取一组邀请农户进行真实的抽奖活动，并给予相应金额的奖品，保证农户在参与游戏时做出的选项是理性的。

表 6-19 农户风险偏好游戏测度（游戏 1）

编号	方案 A（3 张红色，7 张黑色）		方案 B（1 张红色，9 张黑色）	
	红色卡片金额	黑色卡片金额	红色卡片金额	黑色卡片金额
1	20	5	34	2.5
2	20	5	37.5	2.5
3	20	5	41.5	2.5
4	20	5	46.5	2.5
5	20	5	53	2.5
6	20	5	62.5	2.5
7	20	5	75	2.5
8	20	5	92.5	2.5
9	20	5	110	2.5
10	20	5	150	2.5
11	20	5	200	2.5
12	20	5	300	2.5

编号	方案 A (3 张红色，7 张黑色)		方案 B (1 张红色，9 张黑色)	
	红色卡片金额	黑色卡片金额	红色卡片金额	黑色卡片金额
13	20	5	500	2.5
14	20	5	850	2.5

表 6-20 农户风险偏好游戏测度（游戏 2）

编号	方案 A (9 张红色，1 张黑色)		方案 B (7 张红色，3 张黑色)	
	红色卡片金额	黑色卡片金额	红色卡片金额	黑色卡片金额
1	20	15	27	2.5
2	20	15	28	2.5
3	20	15	29	2.5
4	20	15	30	2.5
5	20	15	31	2.5
6	20	15	32.5	2.5
7	20	15	34	2.5
8	20	15	36	2.5
9	20	15	38.5	2.5
10	20	15	41.5	2.5
11	20	15	45	2.5
12	20	15	50	2.5
13	20	15	55	2.5
14	20	15	65	2.5

表 6-21 农户风险偏好游戏测度（游戏 3）

编号	方案 A (5 张红色，5 张黑色)		方案 B (5 张红色，5 张黑色)	
	红色卡片金额	黑色卡片金额	红色卡片金额	黑色卡片金额
1	12.5	-2	15	-10.5
2	2	-2	15	-10.5

编号	方案 A（5 张红色，5 张黑色）		方案 B（5 张红色，5 张黑色）	
	红色卡片金额	黑色卡片金额	红色卡片金额	黑色卡片金额
3	0.5	−2	15	−10.5
4	0.5	−2	15	−8
5	0.5	−4	15	−8
6	0.5	−4	15	−7
7	0.5	−4	15	5.5

根据调研人员的记录，可以依照农户在某一组由 A 转向 B 计算得出农户所对应的偏好系数 σ、α、λ。假设农户在游戏 1、游戏 2 和游戏 3 中分别在第 4 组、第 5 组和第 4 组发生转变，对应的不等式为：

$$5^{1-\sigma} + \exp[-(-\ln 0.3)^\alpha](20^{1-\sigma} - 5^{1-\sigma}) > 2.5^{1-\sigma}$$
$$+ \exp[-(-\ln 0.1)^\alpha](41.5^{1-\sigma} - 2.5^{1-\sigma})$$

$$5^{1-\sigma} + \exp[-(-\ln 0.3)^\alpha](20^{1-\sigma} - 5^{1-\sigma}) < 2.5^{1-\sigma}$$
$$+ \exp[-(-\ln 0.1)^\alpha](46.5^{1-\sigma} - 2.5^{1-\sigma})$$

$$15^{1-\sigma} + \exp[-(-\ln 0.9)^\alpha](20^{1-\sigma} - 15^{1-\sigma}) > 2.5^{1-\sigma}$$
$$+ \exp[-(-\ln 0.7)^\alpha](30^{1-\sigma} - 2.5^{1-\sigma})$$

$$15^{1-\sigma} + \exp[-(-\ln 0.9)^\alpha](20^{1-\sigma} - 15^{1-\sigma}) < 2.5^{1-\sigma}$$
$$+ \exp[-(-\ln 0.7)^\alpha](31^{1-\sigma} - 2.5^{1-\sigma})$$

$$0.5^{1-\sigma}\exp[-(-\ln 0.5)^\alpha] - \lambda(2^{1-\sigma})\exp[-(-\ln 0.5)^\alpha] > 15^{1-\sigma}$$
$$\exp[-(-\ln 0.5)^\alpha] - \lambda(10.5^{1-\sigma})\exp[-(-\ln 0.5)^\alpha]$$

$$0.5^{1-\sigma}\exp[-(-\ln 0.5)^\alpha] - \lambda(2^{1-\sigma})\exp[-(-\ln 0.5)^\alpha] < 15^{1-\sigma}$$
$$\exp[-(-\ln 0.5)^\alpha] - \lambda(8^{1-\sigma})\exp[-(-\ln 0.5)^\alpha]$$

根据上式，利用 Matlab 软件可推算出 σ、α、λ 的取值范围，参照塔纳卡等（2010）的做法，取区间中值作为其估计值。参照毛慧（2018）做法，本节仅使用农户的风险厌恶系数反映其风险偏好状况，其理论取值范围为 [−0.6, 1]：当取值为负数时，农户表现为风险偏好；而取值为正数时，农户表现为风险厌恶。[297]

通过计算样本区农户的风险厌恶系数的均值为 0.381。如图 6 - 11 所示，处于区间 [-0.6, 0) 的农户共有 130 户，占比为 20.24%，处于区间 [0, 1] 的农户共有 512 户，占比为 79.76%，说明大多数农户对于风险是厌恶的。风险偏好的农户中，在区间 [-0.6，-0.4)、[-0.4, -0.2) 与 [-0.2, 0) 的农户分别有 28 户、39 户与 63 户，说明较高风险偏好，中等风险偏好与低风险偏好的农户占比相似。风险厌恶的农户中，在区间 [0, 0.4)、 [0.4, 0.6) 与 [0.6, 1] 的农户分别占比 28.81%、20.25% 与 30.69%，说明低风险厌恶，中等风险厌恶与高风险厌恶的农户占比差距不大，其中高风险厌恶的农户相对较多。综上分析，农户风险厌恶系数的分布与相关学者的研究成果相似，但是均值水平较低，说明农牧交错带的农户风险承受能力相对较强。

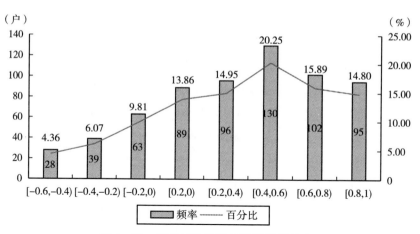

图 6 - 11　农户风险厌恶系数的区间分布

6.4.3　实证检验与结果

通过利用二元离散 Logit 模型对农户行为采纳状况与农户风险厌恶状况进行分析。因变量为农户是否采纳了碳中和行为，核算方式与 6.3.1 节中的方法一致，如果农户采纳了行为，则取值为"1"，如果农户没有采纳行为，则取值为"0"。其中核心解释变量为农户的风险偏好，采用上文所测算的风险厌恶系数 σ 作为标准。在调研的样本中，部分参与游戏的农户选择时出现全部选择 A 或者 B 的情况，考虑农户会出现理解有误或没有理解游戏内容的情况，本书参照 Liu（2013）的做法，将这部分农户的数据全部移除，最终可以使用的有效样本数为 642 个，其他的控制变量如表 6 - 22 所示。

表 6 - 22   **农户风险偏好影响变量定义与统计特征**

变量		变量定义	均值	标准差	预计方向
个人特征	性别	1 = 男性；2 = 女性	1. 246	0. 431	正向
	年龄	实际年龄	47. 026	10. 530	负向
	教育水平	1 = 文盲；2 = 小学毕业；3 = 初中毕业；4 = 中专与高中；5 = 大专与本科	3. 639	1. 950	负向
	健康水平状况	1 = 丧失劳动能力；2 = 严重慢性疾病；3 = 常见慢性病；4 = 比较健康；5 = 健康	4. 461	0. 905	正向
	兼业与否	1 = 兼业；0 = 不兼业	0. 461	0. 499	负向
	党员否	1 = 党员；0 = 非党员	0. 137	0. 344	正向
	累计务农年限	实际年限的对数	3. 128	0. 637	正向
家庭特征	种植规模	实际耕种面积的对数	3. 408	0. 981	正向
	养殖规模	实际牲畜头数的对数	2. 766	1. 040	正向
	家庭人口数	实际家庭人口数	2. 467	1. 201	负向
	收入水平	实际农业收入对数	10. 514	0. 908	正向
社会参与程度	与村干部交流程度	1 = 从不；2 = 几乎不；3 = 一般；4 = 偶尔；5 = 经常	3. 682	1. 312	正向
	公共事务参与程度	1 = 从不；2 = 几乎不；3 = 一般；4 = 偶尔；5 = 经常	2. 265	1. 534	正向

通过模型估计，模型 1 反映了农户的风险系数对行为采纳的影响，为进一步探讨农户的种植经验是否有助于减缓农户风险厌恶对行为的抑

制作用，将农户风险厌恶程度与累计务农年限的交互项引入模型，结果如模型2所示。两个模型整体较为显著，拟合程度较好，并且模型2的解释程度稍微有所提升。

由模型1可知，风险规避的系数值为负，通过了5%的显著性水平检验，说明农户的风险厌恶程度越高，农户越不会采纳碳中和行为，假说H1得到证明。农户的累计务农年限越久，其越会采纳碳中和生产行为，这是由于农户生产经验与获取信息的能力越丰富，便于优化其行为决策。而其他的控制变量中，农户的年龄越大越不会采纳碳中和生产行为，而农户身体状况越好，养殖规模越大，与村干部的交流程度以及村集体公共事务参与程度越高，农户越容易采纳碳中和的生产行为。在模型2中，农户的风险厌恶程度系数为负，而其与累计务农年限的交互项系数为正，分别在1%与5%的水平下显著。表明农户丰富的生产经验可以减缓农户由于风险厌恶所抑制的碳中和生产行为采纳。这是由于农户丰富的生产实践经验，可以有效弥补信息不对称所造成的不确定性，减缓农户的焦虑，进而提升碳中和行为的采纳水平。其余的控制变量与模型1中的影响状况一致（见表6-23）。

表6-23　　　　　　　　农户风险偏好影响因素计量结果

变量名称	模型1		模型2	
	系数	Exp（B）	系数	Exp（B）
风险规避系数	-0.378**	0.685	-0.422***	0.656
累计务农年限	0.567**	1.763	0.566**	1.761
风险×累计务农年限	—		0.352**	1.422
性别	-0.338	0.713	-0.321	0.725
年龄	-0.033***	0.968	-0.034***	0.967
教育水平	-0.037	0.963	-0.035	0.965
健康水平	0.235**	1.265	0.246**	1.279
非农职业	-0.209	0.812	-0.241	0.786
党员	-0.336	0.715	-0.333	0.716

变量名称	模型 1		模型 2	
	系数	Exp（B）	系数	Exp（B）
种植规模	0.038	1.039	0.031	1.032
养殖数量	0.225 **	1.253	0.311 **	1.364
家庭人口数	−0.054	0.947	−0.041	0.960
收入水平	0.031	1.032	0.035	1.036
与村干部交流程度	0.133 ***	1.142	0.137 ***	1.147
公共事务参与程度	0.184 ***	1.202	0.189 ***	1.208
常量	−2.888	0.056	−3.225	0.040
伪 R^2	0.128		0.138	
伪似然对数	789.34		784.073	
Wald 值	63.358 ***		68.624 ***	

注：*** 、** 、* 分别表示在1%、5%和10%的显著水平。

6.5 本章小结

本章基于对样本农户的调研数据，对农户的碳中和行为展开了详细的分析。首先发现，现阶段碳中和生产的一系列不同的行为采纳状况存在一定差距，整体的采纳情况并不高，其中采纳状况较低的几种行为分别是：秸秆的直接还田行为，饲料的精准配比行为，粪便的充分发酵还田行为以及对粪便的覆盖行为。依据第3章所构建的碳中和生产行为理论，本章就意愿与行为的关系以及农户风险偏好对于行为的影响展开了深入研究。调研发现，农户的意愿与行为既存在一致性也存在差异性，即意愿可以预示行为，但不一定全部转化为行为。其中，农户意愿与行为存在显著的正相关，表示调研地区农户的意愿会促进行为的产生，并且农户的信息获取能力、环境责任感知以及生产习惯越强，意愿向行为的转化效率越高。同时存在农户有着较高的意愿却没有产生相关的行为，或者没有意愿却产生相关的行为，即两者之间存在一定的差异，其中男性农户、有兼业的农户，农资购买难度越大，即时状况发生的频率以及对生活满意程度越高，越容易发生意愿与行为的悖离。而农户的村干部身份、较高的收入水平、较高的认知水平以及对行为效果的评价越积极，则有利于减少悖离状况的发生。这一系列影响农户的因素中通过逻辑分析可以分为三层，最表层的直接因素是对碳中和行为效果评价、各类农资购买难度以及即时情景的发生，中层间接因素则包括农户兼业状况、农户收入水平以及严重性的认知状况，而最根本的深层因素是农户的性别、村干部身份以及对生活的满意程度。本章通过选择实验法对调研区的样本农户进行了测度，发现该地区的农户多数是风险规避的类型，并且对风险的规避程度越高，农户越不会产生碳中和生产行为，但是农户的生产年限越长，生产经验越丰富，可以减缓其行为发生的抑制作用。

7 农户生产行为优化机制与体系的构建

农户作为碳中和农业中的主导力量，其行为对于实现农业碳中和有着重要且深远的意义。如果农户参与碳中和农业的积极性高并且行为规范，会极大推动碳中和农业的发展；如果农户的积极性低并且行为不规范，则会影响碳中和农业的发展，因此有必要建立完善的机制对农户开展碳中和生产行为进行激励与约束。本书所提出的碳中和生产行为并非一种全新的生产行为方式，是在农户现有行为基础上的一种改进与规范，因此农户可操作性更高；并且这种改进不但有利于实现农业碳中和，也有利于提高农业生产效率，也比较容易被农户接受。本章基于前文的研究，依照现有的行为实施状况发现现有机制存在的问题，并且设立行为优化机制的目标与原则，进而提出机制内容与体系，以期更好地发挥农户的主导作用，推进碳中和农业的发展。

7.1 构建农户碳中和生产优化机制的必要性

当前对于碳中和农业的研究尚处于摸索阶段，通过实地调研与理论研究发现，农户现阶段的生产行为并不能够有效促进碳中和农业的实现，因此这种较高诉求的农业生产，有必要对农户行为设立健全并且完善的激励机制。本节在实证分析的基础上，结合理论分析，总结找出现阶段农户碳中和生产激励与约束存在的问题及不足，为后文提出行为优化机制的目标与原则，制定相应优化机制的内容提供参考。

7.1.1　宣传不到位，农户的认知水平低

依据农户碳中和行为产生机理进行分析可知，农户行为的产生受到意愿的正向刺激，而意愿则受到农户的认知水平以及行为评价的影响，因此农户认知水平的高低对意愿进而对行为的影响都十分重要。研究发现，农户在三方面的认知程度不高，第一，对现有行为对农业碳中和产生的不利影响认识不足。农户对现有生产行为不利于碳中和实现的认识状况属一般水平。依据第4章的统计，严重性认知的均值介于3.058～3.942，认可程度并不高，特别是碳排放相对隐蔽的种植业，同时对未来发生的感知性水平也较低。第二，对农业碳中和的作用认识不足。调研发现农户普遍认为农业生产过程是环保的，并不会对环境产生额外的碳排放，因此同时对于实现农业碳中和在提高农业收入、节约农业资源与净化农业环境方面的作用也没有清楚的认识。第三，对碳中和农业责任主体地位的认识不到位。农户认为工业是造成碳排放的主要源头，因此相关生产人员负有主要责任，即使农业产生了大量的碳排放，而农户在其中所能发挥的作用微不足道，所以认为自己无须承担相应的责任。由于农户对农业碳中和的认识不足会直接影响其生产的意愿，影响农户主导作用的发挥，因此加大相关的知识与政策的宣传力度对于提高农户认知水平，从根本上填补农户认知的空缺，进而激发其参与意愿，最终转化为实际的生产行为有着十分重要的作用。

7.1.2　激励机制缺乏，农户碳中和生产意愿一般

调研发现，现阶段的补贴与支持政策主要的关注重点均为增产增效，并没有特别针对碳减排与碳增汇，相关的农药减量化使用措施、测土配方施肥措施、绿肥作物种植推广以及沼气池建设等虽然有利于实现农业

碳中和,但同样多限于理念宣传与简单的基础设施建设。农户的碳中和
生产意愿均值介于 3.376 ~ 3.966,并不是很高,究其原因是缺乏在法
律、税收、金融、销售以及技术推广方面的匹配政策,即使有相关工作
的开展也经常出现前期高投入后期荒废的状态,并且同样也没有完善的
农户激励机制,农户在此过程中顾虑重重,积极性也越来越低。因此有
必要设计一套农户行为的激励机制,充分发挥农户在农业中的主导作用,
建立农业碳中和的长效发展机制。

7.1.3 约束机制缺乏,农户逆向选择行为普遍

由前文分析可知,农户对于其过量使用化肥、农药,露天堆放粪便
等一系列行为的不利影响比较清楚,也比较愿意去开展碳中和生产行为,
但是最终仍然会发生逆向行为,究其原因,对行为的约束不强与惩治不
严是其中的主要因素,面对"零制裁",农户逆向选择行为成为多数大
众的理性选择。调研过程中农户普遍表示"没人管、没有人告知、大家
都这样",因此不采取行为多数成为农户的共识行为。

7.2 优化机制建立原则

建立农户碳中和生产优化机制的目标在于提升农户的认知水平与行
为能力评价,进而提升农户的碳中和生产意愿,同时加强生产意愿向行
为转化的能力,并对逆向行为进行约束,通过农业碳中和生产行为的实
证分析以及存在的相关问题可知,宣传不到位以及激励与约束机制的缺
乏是造成问题的关键原因。同时发现农户的主体意识地位不明确,责任
意识差也是其中的主要因素。面对存在的问题,本节围绕提升农户认知
水平、加强责任与意识以及约束逆向选择行为作为目标,并依据相关经
济领域的激励机制构建经验与农户碳中和生产行为的特点,从激励与约

束机制并重原则、成本与收益均衡原则以及因地制宜原则三方面建立提出优化机制的设计原则。

7.2.1 激励与约束机制并重原则

依据组织行为学相关理论，激励是通过运用各种有效方式调动被激励者的主动性与创造性行为，进而实现既定的目标，并且从需求与动机两方面给予农户激励，是促进其行为转变的关键环节。广义的激励机制包含激励与约束两种方式，又称为正向激励与负向激励，同时，实现的方式分为内部激励与外部激励两种形式。其中，正向激励是具有主动性的特点，通过对激励对象进行激励，进而引导其开展相关活动，常见的手段包括肯定、表扬、支持等；负向激励是一种约束性的激励，通常通过惩罚、批评等手段对个体进行激励以达到最终的效果。总结而言，正向激励是鼓励其将正确行为继续下去的肯定，负向激励是阻止其错误行为继续开展的一种约束，外部激励与约束机制是能够进行客观衡量且相对具体的优化机制，内部激励与约束机制是实现优化机制效果的原动力，是外部激励内部化的体现，两者相辅相成，缺一不可。因此单纯的一种形式效果有限，需要结合两种形式同时作用与强化，以期达到最终的目的。

7.2.2 成本与收益均衡原则

由前文分析可知，农户对于是否实施某项行为的关键影响因素在于投入的成本、信息的获取以及技术的支持等，但是成本与收益的权衡是其中较为关键的因素。作为抗风险能力较弱的小农户，在进行生产投入时，对于高投入所带来的收益不确定、销售渠道不畅等问题存在严重的顾虑。因此在构建相关激励与约束机制时，要充分考虑开展碳中和生产存在的风险与投入的成本，尽可能减少农户的负担与顾虑，才可以保证有序地开展相关生产活动。

7.2.3　因地制宜原则

由于地域之间自然资源、生态环境、人文社会以及经济发展条件存在较大的差异，农业生产习惯与基础设施条件也不尽相同。例如，现已开展的豆类种植补贴政策，即使补贴金额相较其他粮食直补政策高出很多，但是由于种植技术缺乏与自然环境存在差异等原因，导致种植过程中出现病虫害严重、产量低下的现象，因此政策的实施效果并不理想；退耕还林（草）政策对于人均耕地面积较大，退出面积较多的农户来说，实施的效果较为明显，但是对于耕地面积与退出面积较少的农户来说，效果并不理想，经常出现已获得相关补贴却不知道的现象。因此为实现农业碳中和，在设计农户的激励与约束机制时需要根据当地实际，结合农户生产行为的关键环节与生产条件，建立有针对性、适用性的机制，以求提高其运行效果。

7.3　生产行为优化机制构建

建立农户生产行为的优化机制，是提升农户认知水平与生产积极性、减少农户的逆向选择行为的必需手段。结合前文的实证分析以及现存的问题，本节试图结合相关实践与研究，构建农户碳中和生产行为的激励与约束机制（见图7-1）。

农户碳中和生产行为激励与约束目标的实现，离不开外部相关政策法律的支持与监督，也需要激发农户内在的认识与责任，进而提高参与意愿与行为转化。因此在必要性分析的基础上，结合优化机制构建原则，本书从内部与外部两个方面，通过激励与约束两种方式建立完整的农户行为优化机制，以期实现农业碳中和目标的实现，具体包括以下内容：

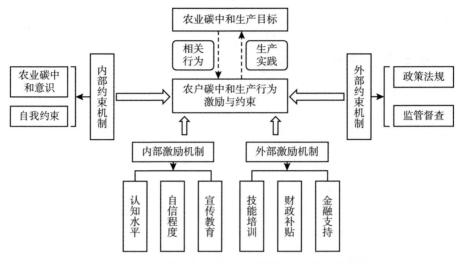

图 7 - 1 农户碳中和生产行为的激励与约束机制模型

（1）搭建完善的法律法规平台，加强监督管理，实现对农户生产行为的外部约束作用。如果缺乏有效的监督与规范，会使农户产生机会主义行为，严重阻碍农业碳中和的实施效果，因此通过法律法规的规范性与惩罚性规制，明确规定违反农业碳中和相关规定的农户需要承担的民事责任，情节严重者还需要承担一定的刑事责任，增加农户的违法违规成本，使农户意识到违规行为得不偿失。并且要加强执法部门与社会舆论的监督作用，利用严格的执法过程使农户得以贯彻法律法规的精神，并且通过对社会舆论的正确引导，对农户生产行为进行监督与规范，进而达到约束目的。

（2）建立并完善农户碳中和生产行为的财政补贴与金融支持，通过技能培训提升外部激励效果。我国农户具有经营规模小、投资能力有限、抗风险能力弱的特点，面对农业碳中和生产这样一个投入多但是生态效益显著的生产方式，单纯依靠农户难以满足资金要求，需要金融机构通过调整贷款额度与完善政策性农业贷款体制，对于购买节能减排的农业生产设施与资料、牲畜饲料加工机械、废弃物处理与加工设备等有利于实现农业碳中和的生产活动时，简化贷款手续与条件限制，增加贷款渠道与服务能力，为农业碳中和的实施提供资金保障，增强农户投资能力。此外，将财政支持政策适当向农业碳减排与碳增汇环节倾斜，支持农户使用节水灌溉措施、建立沼气池处理粪肥、使用有机肥料以及搭建标准化牲畜养殖场所等，采用现金直接补贴的方式，并建立相关信息公告制度，保证补贴效果。

（3）正确定位农户在碳中和农业中的角色，提升农户农业碳中和的意识与道德约束。农业碳中和是一个复杂的系统工程，而农户作为其中的主导力量，任何制度与政策的推行都要与农户紧密相关，并且要求农户具备较强的农业碳中和意识，令其意识到发展农业碳中和可以节约生产成本、改善生产环境、维持资源可持续，是一个造福于子孙后代的生产行为，使得农户具有较强的主观能动性。并且使农户认识到不采取碳中和生产行为会对生态环境造成不可估量的破坏，进而引发严重的温室效应，使得全球气候变暖，是一种不可持续的发展模式，进而提升其自我约束能力。

（4）通过宣传教育提升农户认知水平与自信程度，激发农户的生产意愿与参与需求。通过调研可知，农户当前最主要的信息接收渠道包括邻里与亲朋好友的口口相传以及政府部门的宣传与技术推广站的信息推广，因此这两种信息获取渠道要加强重视，建设成为主要的宣传与推广途径。其中，政府部门与技术推广站作为权威宣传机构，要结合农户的实际生产困难与需求，将最准确与最有效的信息传达至农户，并且改变传统的自上而下的说教式的宣教方式，要通过集体宣讲与实地操作相结合，切实提高农户认知与技术水平。发挥"示范户"的带动作用，加强示范户的资金、技术与政策的扶持力度，提高其生产能力并巩固其碳中和效果，吸引更多周边观望农户参与其中。

7.4 生产行为优化体系构建

通过优化机制框架可知，农户碳中和生产行为的优化是一个多层次内容共同作用的结果，本节通过构建三种重要的支撑体系以实现农户碳中和生产行为的优化，分别是技术支撑体系、农户成长体系与法律保障体系。

7.4.1 技术支撑体系

技术因素是促进农业碳中和实现的关键性因素，而技术的转化效率低下也是碳中和行为效果有限的原因。主要体现在两点，第一，现有的技术研发与投入，多关注于农业的提质增产，较少关注于改善农业生产环境；第二，农户对技术的运用与掌握水平有限，出现效果较差甚至适得其反的效果。因此开发具有适用性、针对性与可操作性强的技术支撑机制很有必要。

（1）实现农业碳中和关键性途径确认技术的研发。当前对于农业碳的研究程度越来越深入，但是对于碳量的测量却并不准确，并且由于农业生产过程受到气候、土壤、降水等因素的影响较大，存在地区间差异，因此开展相关测量技术的研发对于实现农业碳中和十分有必要。

（2）建立合理高效的种植与养殖技术研究体系。实践发现，实现农业碳中和并不是一个独立的过程，是与生产增效过程息息相关，生产过程中的提质增效技术均有利于农业碳中和的实现。例如，提高化肥使用效率，减少过量使用产生的浪费现象，进而可以减少碳排放；提高农作物病虫害发生初期的诊断技术，减少农药用量，进而减少农业碳排放；而开发粪肥发酵与利用技术，提高废弃物使用效率，还田后可以增加土壤碳库含量。对于农牧交错带地区，种植与养殖业的有机循环技术的研发显得尤为重要。

（3）推进技术传播体系的构建。农户开展农业碳中和需要掌握相关的生产技术，而技术传播途径存在多样化，但是指令性规范中技术人员"一对一"的指导是农户最愿意也是效果最好的方式，虽然当前的技术传播体系较为成熟，但是存在技术人员知识水平落后与资金欠缺的情况。

面对农业生产与发展的新需求，需要引入新的技术与管理人员，加强基层技术推广体系在农业碳中和过程中的作用，并且在技术推广体系中专门设立与农业"碳"相关的技术指导人员与管理机构，开展针对性的测量与指导，实现相关技术推广的固定化与长期化。

7.4.2 农户成长体系

农户作为行为发出者，对农业碳中和的实现起到了关键性的作用，为提高农业碳中和长久与高效发展，需要从提升农户认知、能力、意愿与行为转化等多方面内容建立农户成长机制。

（1）农户的认识要从两方面进行提升，一方面是对自身行为的认识，另一方面是对农业多功能性的认识。农户要认识到其生产主体的地位，不但从农业生产中获利，也要对农业生态环境保护承担相应的责任与义务，不仅要满足当代需求，更要为下一代的生活进行考量。同时也要明确农业具有的多功能性，不但为人类提供所需的生产与生活资料，也在生态环境改善的过程中扮演重要角色，因此农户在开展生产活动的同时需要兼顾农业对环境产生的影响。

（2）农户能力的提升要从提高农户的专业化水平与实际操作能力两方面展开。通过前文研究发现，农户的教育水平在一定程度上会对农户碳中和生产行为的各个环节产生影响，但并不会产生绝对的影响，反而农户对生产技术的掌握程度与生产经验会产生明显的作用，因此开展专业技能培训，针对性地因材施教以达到提升农户专业化水平的目的。而农户受到文化水平的限制，对于新型技术的领悟与理解经常存在误区，因此通过专业人员手把手的示范，可以很好地提升农户的操作能力。

（3）在农户拥有较高认知水平与生产能力的基础上，通过各类政策措施与法律条款，建立健全农业社会化的服务体系，减少农户顾虑以期达到提升意愿与行为的转化效率。此外，懂法是守法的前提，除了对农户开展相关知识与生产技术的培训，更要加强生态环境与耕地保护等相关政策法规的培训，在鼓励与激发农户生产积极性的同时提升法律威慑力。

7.4.3 法律保障体系

健全的规章制度与法律法规体系是实现农业碳中和生产的根本保障，不论是外部的约束还是激励作用的体现，主要通过规则制定与法律约束体现，进而激发农户的内在生产动力。

（1）建立健全各类农产品投入的相关规定，规范农户的投入物使用标准。面对当前农药化肥等投入物使用混乱与过量的现象，从生产、销售至使用规范均需制定细致的条款，在保证生产商与销售商向农户提供的产品具有良好品质的前提下，严格规定农户投入物的使用类型与用量，并且规范化农户的使用流程，最大化减少浪费现象以减轻农业的碳排放。

（2）建立健全废弃物处理流程的相关规定，规范农户废弃物处理方式。针对农业生产过程中产生的废弃物使用效率低下与碳排放严重等问题，通过加强废弃物处理流程的规定，明确牲畜养殖废弃物的分类化收集与处理方式，以及秸秆直接与过腹还田比例，达到废弃物碳中和式的高效利用。

（3）加强耕地保护与土地管理相关法律规定的建立。当前我国耕地保护制度的政策体系体现出重数量轻质量、忽略外部性的特点，难以起到对农户碳中和生产行为的约束作用，因此需要以提升土壤固碳能力与增加土壤碳库含量为目标，规定耕地休耕期限与轮作频率、有机肥施用比例、秸秆还田面积等内容，提升土地管理效率。

（4）加强执法监督能力。严格的执法力度是保障制度与法律实施效果的重要方式，由于农户生产具有分散的特点，并且相关管理机构与农户之间存在联结机制缺乏的问题，为加强执法监督能力，需要设立专门的监督管理机构与执法主体，建立健全政策制度监督部门、技术推广部门与农户之间的联动机制，并逐步将农户的碳中和生产行为规范纳入农业生态环境保护体系中。

7.5　本章小结

　　本章通过分析发现，农户当前认识水平较低，生产意愿一般以及出现逆向行为的原因在于宣传不到位，并且相应的激励与约束机制缺乏，因此有必要结合实际构建农户碳中和生产行为的优化机制。结合激励理论的相关内容，认为机制建立要秉承三方面的原则，分别是激励与约束机制相配合原则、成本与收益均衡原则以及因地制宜原则，分别从外部激励机制、内部激励机制、外部约束机制与内部约束机制四方面构建了农户碳中和行为的优化机制，并构建了实现机制运行所需的三种重要的支撑体系，分别是技术支撑体系、农户成长体系以及制度法律体系。

8 主要结论与展望

8.1 主要结论

8.1.1 农户生产行为是影响农业碳中和实现的关键因素

结合理论分析与实践探索，农业碳中和实现的关键因素在于减少农业碳排放以及增加农业碳汇，而其中农户的生产行为是农业碳中和能否实现的关键因素。当前生产主体以小农户为主的特点，是我国目前客观存在的事实，生产过程中各类物资的投入、设施的使用、废弃物的处理、作物的选种均离不开农户参与，其中生产行为是最直接的参与方式，也是影响农业碳中和实现的关键因素。因此研究农户碳中和生产行为的形成机理与影响因素，分析现有行为存在的问题，构建行为优化机制是实现农业碳中和的关键。

8.1.2 农户行为认知与感知水平较低

依据农户的行为形成机理分析可知，农户的认知与感知水平是有意识行为形成的基本环节，如果认知与感知水平较低则难以形成生产意愿，进而也会影响行为的产生。当前，农户对于现有行为对农业碳中和造成不利影响的认知水平，或是对于不利于农业碳中和实现的潜在威胁的感知水平，均属中等水平。各类影响因素中，农户个人的受教育程度、家庭拥有的耕地面积、参与村集体讨论与技术培训越多则会产生积极的影响，同时感知是在认知水平上产生的，因此提升认知与感知水平，需要加大宣传并且给予农户更多的专业性培训，特别是拥有较大耕地面积的农户，其受益效果更加明显。

8.1.3　农户碳中和生产行为评价水平一般

作为农户对碳中和行为主观感受体现的关键环节，碳中和行为评价是对碳中和行为预期、自我能力评价以及外界社会对本身产生的影响三方面的评价，通过研究发现，农户对碳中和生产行为相关评价呈现一般水平，三种评价之间在相互影响的同时受到其他外界客观因素的影响。其中，农户认为碳中和生产行为对于增加收入与树立良好口碑的效果并不明显，但是对于减少碳排放与增加碳汇有一定的作用；农户对于碳中和生产行为所需的相关技能学习与投入的评价较为积极，表明农户对自身学习能力较为自信，并且愿意付出时间与精力学习新技能；农户比较容易受到周围环境的影响，其中指令性规范效果更加明显，村干部带头所产生的示范效应相对明显。行为效果的评价会对自我能力评价产生积极影响，但是不会对主观规范产生影响，而自我能力评价则会对行为主观规范产生积极的影响。此外，相关知识储备越多，户主为男性的样本会持有更加积极的评价。因此提升农户对碳中和的认可程度是一个多维度的过程，在对农户普及相关知识的同时，通过颁布相关政策制度与法令法规以加强指令性规范的作用，并且发挥基层干部的带动作用，充分调动农户学习与投入的积极性，提高农户对碳中和生产行为的积极评价。

8.1.4　农户碳中和生产意愿普遍较高

农户碳中和生产意愿是有意识生产行为重要的前序环节，一定程度上可以预示行为发生状况，并且其决定于农户认知水平与行为评价，同时受到客观因素的影响。通过研究发现，农户碳中和生产整体意愿水平较高，但是对于秸秆直接还田与科学处理死畜两种碳中和生产意愿相对较低。农户认知水平与行为评价水平中五个心理衡量指标均会对碳中和生产意愿产生积极影响，其中作用最明显的是严重性认知水平。客观影响因素中，农户参与村级事务的频率会对种植与养殖意愿均产生显著的正向影响。因此提高农户生产意愿的关键在于提升农户的认知水平以及对行为的积极评价，并且针对不同地区的农户，结合其个人特质与拥有的生产资料状况制定针对性的措施以提升农户生产意愿。

8.1.5 行为决策受到内外多种因素共同作用的影响

通过实证研究发现，农户的行为与意愿之间存在差距，意愿在一定程度上可以转化为实际行为，而有时则会出现相悖离的情况，并且农户的个人风险偏好会对行为的决策产生显著的影响。当前农户碳中和行为水平整体较低，农户的生产意愿转化为具体行为的过程中，如果农户信息获取能力、环境责任感知与生产习惯更强，则转化效率更高。然而对碳中和生产行为的评价越消极、各类农资购买难度越大以及自然灾害突发状况越多的情况下，农户生产意愿会出现与行为悖离的情况，并且农户对风险的厌恶程度越高，也会阻碍行为最终的发生。上述的各种促进与阻碍意愿向行为转化的因素均体现了农户在农业生产过程中的弱势，因此通过相关机制与体制的构建，进而解决农户所面临的资金、技术与信息缺乏的困难，降低农户开展碳中和种植行为所面临的风险。

8.1.6 碳中和生产行为急需配套的扶持政策

研究发现，由于农业碳中和相关宣传培训的不足，加之相应的激励与约束机制的欠缺，导致农户出现认知水平低下、行为评价消极以及生产意愿与行为转化效率较低等一系列问题的出现。本书秉承激励与约束机制相配合、成本与收益均衡以及因地制宜的原则，从内部与外部两方面提出碳中和行为优化机制，并构建实现优化机制所需的技术支撑体系、农户成长培训体系以及制度与法律体系，以保障优化机制的顺利运行。

8.2　研究展望

本书研究了农户碳中和生产行为的形成机理、影响因素与作用路径，并提出了相应的有利于农业碳中和实现的行为优化机制，这对于减少农业碳排放与增加农业碳汇有一定的积极作用。本书是以农户的生产行为作为研究对象，但是随着各类新型经营主体的出现，专业大户、家庭农场、农民合作社、农业企业相较于单个的农户具有抗风险能力与信息获取能力强等发展优势，并且可以实现规模化经营，因此这些不同的生产主体在实现农业碳中和过程中扮演着同样重要的作用，其行为形成机理与影响因素是什么？与小农户存在哪些差别？其行为效果与小农户存在哪些差别？这些问题均需要开展讨论。

参 考 文 献

［1］凡帅帅. 世界期待气候峰会取得进展［N］. 参考消息, 2019 -
09 - 24（1）.

［2］仇焕广, 栾昊, 李瑾, 等. 风险规避对农户化肥过量施用行为
的影响［J］. 中国农村经济, 2014（3）: 85 - 96.

［3］曾大林, 纪凡荣, 李山峰. 中国省际低碳农业发展的实证分析
［J］. 中国人口·资源与环境, 2013, 23（11）: 30 - 35.

［4］王小彬, 武雪萍, 赵全胜, 等. 中国农业土地利用管理对土壤
固碳减排潜力的影响［J］. 中国农业科学, 2011, 44（11）: 2284 -
2293.

［5］田云, 张俊飚. 农业碳排放国内外研究进展［J］. 中国农业大
学学报, 2013, 18（3）: 203 - 208.

［6］刘洪来, 王艺萌, 窦潇, 等. 农牧交错带研究进展［J］. 生态
学报, 2009, 29（8）: 4420 - 4425.

［7］Zhou Z, Sun O J, Huang J et al. Soil Carbon and Nitrogen Stores
and Storage Potential as Affected by Land-use in an Agro-pastoral Ecotone of
Northern China［J］. Biogeochemistry, 2007, 82: 127 - 138.

［8］陈全功, 张剑, 杨丽娜. 中国农牧交错带的 GIS 表述［C］//中
国草学会、农业部草原监理中心. 2006 中国草业发展论坛论文集. 中国
草学会、农业部草原监理中心: 中国草学会, 2006: 308 - 319.

［9］张振龙, 孙慧, 苏洋. 中国西北干旱地区农牧业生态系统碳排放的
空间分布与演变趋势［J］. 生态学报, 2017, 37（16）: 5263 - 5272.

［10］徐丽，曲建升，吴金甲，等．中国农牧业碳排放时空变化及预测［J］．生态与农村环境学报，2019，35（10）：1232－1241．

［11］田云，吴海涛．产业结构视角下的中国粮食主产区农业碳排放公平性研究［J］．农业技术经济，2020（1）：45－55．

［12］邓明君，罗文兵，尹立娟．国外碳中和理论研究与实践发展述评［J］．资源科学，2013，35（5）：1084－1094．

［13］Olusegun, Aanuoluwapo Oguntona, Clinton et al. Biomimetic Materials and Technologies for Carbon Neutral Cities in South Africa：A Literature Review［J］. Procedia Engineering, 2017, 196：152－158．

［14］Steven Wiryadinata, Josh Morejohn, Kurt Kornbluth. Pathways to Carbon Neutral Energy Systems at the University of California, Davis［J］. Renewable Energy, 2019, 130：853－866．

［15］郝晓地，黄鑫，刘高杰，等．污水处理"碳中和"运行能耗赤字来源及潜能测算［J］．中国给水排水，2014，30（20）：1－6．

［16］郝晓地，刘然彬，胡沅胜．污水处理厂"碳中和"评价方法创建与案例分析［J］．中国给水排水，2014，30（2）：1－7．

［17］López Lázaro Antonio, Pérez－Campuzano Darío, Benito Arturo et al. Analyzing Carbon Neutral Growth and Biofuel Economic Impact for 2017－2025：A Case Study Based on Spanish Carriers［J］. Journal of Aerospace Engineering, 2018：1－17．

［18］甘泉．中国尝试"碳中和"会议模式［EB/OL］．新华网，2012－6－20．

［19］赵爱玲，高潮．中国绿色碳汇基金会常务副理事长李育材："碳中和"将成发展低碳展会新路径［J］．中国对外贸易，2011（3）：86－88．

［20］戚珊珊．太湖文化论坛实现"碳中和"闭幕式上发布《给杭州宣言》［EB/OL］．浙江在线．2013－5－19．

［21］Janssens A, Rebollar J V, Himpe E et al. Transforming Social

Housing Neighbors into Sustainable Carbon Neutral Districts [J]. Energy Procedia, 2017, 132: 549 – 554.

[22] Athena Birkenberg, Regina Birner. The World's First Carbon Neutral Coffee: Lessons on Certification and Innovation from a Pioneer Case in Costa Rica [J]. Journal of Cleaner Production, 2018, 189: 485 – 501.

[23] Drichoutis A C, Lusk J L, Pappa V. Elicitation Formats and the WTA/WTP Gap: A Study of Climate Neutral Foods [J]. Food Policy, 2016, 61: 141 – 155.

[24] 刘画洁. 个人碳排放行为的法律规制: 以碳中和理念为中心 [J]. 江淮论坛, 2012 (4): 23 – 28.

[25] Torres, Carlos M M, Eleto et al. Quantification of Greenhouse Gas Emissions for Carbon Neutral Farming in the Southeastern USA [J]. Agricultural Systems, 2015, 137: 64 – 75.

[26] Natalie A, Doran – Browne, John I et al. Carbon – Neutral Wool Farming in South-eastern Australia [J]. Animal Production Science, 2016, 56 (3): 417 – 422.

[27] Kumm K I. Achievingprofitable, Productive Climate-neutral Swedish Agriculture [J]. Outlook on Agriculture, 2014, 43 (4): 247 – 252.

[28] UNITEDNATIONS. https://unfccc.int/process – and – meetings/the – kyoto – protocol/what – is – the – kyoto – protocol/kyoto – protocol – targets – for – the – first – commitment – period, http://unfccc.int/resource/docs/convkp/kpeng.pdf 1998.

[29] Food and Agriculture Organization of the United Nations (FAO), http://www.fao.org/faostat/en/#data/GT/visualize, Last Update September 16, 2019.

[30] Johnson M F, Franzluebbers A J, Weyers S L et al. Agricultural Opportunities to Mitigate Greenhouse Gas Emissions [J]. Environmental Pollution, 2007, 150 (1): 107 – 124.

［31］李波，张俊飚，李海鹏 . 中国农业碳排放时空特征及影响因素分解［J］. 中国人口·资源与环境，2011，21（8）：80－86.

［32］田云，张俊飚，李波 . 中国农业碳排放研究：测算、时空比较及脱钩效应［J］. 资源科学，2012，34（11）：2097－2105.

［33］张广胜，王珊珊 . 中国农业碳排放的结构、效率及其决定机制［J］. 农业经济问题，2014，35（7）：18－26，110.

［34］田云，张俊飚 . 中国农业碳排放、低碳农业生产率及其协调性研究［J］. 中国农业大学学报，2017，22（5）：208－213，215－218.

［35］Mosier A R，Duxbury J M，Frreney J R et al. Mitigation of Agricultural Emission of Methane［J］. Climatic Change，1998，40：39－80.

［36］Desjardins R L，Smith W，Grant B et al. Management Strategies to Sequester Carbon in Agricultural Soils and to Mitigate Greenhouse Gas Emissions［J］. Climatic Change，2005，70（1－2）：283－297.

［37］Bruvoll A，Medin H. Factors Behind the Environmental Kuznets Curve. A Decomposition of the Changes in Air Pollution［J］. Environmental and Resource Economics，2003，24（1）：27－48.

［38］李国志，李宗植 . 中国农业能源消费碳排放因素分解实证分析：基于 LMDI 模型［J］. 农业技术经济，2010（10）：66－72.

［39］姚延婷，陈万明 . 农业温室气体排放现状及低碳农业发展模式研究［J］. 科技进步与对策，2010，27（22）：48－51.

［40］刘丽辉 . 广东农业碳排放：时空比较及驱动因素实证分析［J］. 农林经济管理学报，2015，14（2）：192－198.

［41］Gerlagh R. Measuring the Value of Induced Technological Change［J］. Energy Policy，2007，35（11）：5287－5297.

［42］杨钧 . 农业技术进步对农业碳排放的影响：中国省级数据的检验［J］. 软科学，2013，27（10）：116－120.

［43］黎孔清，马豆豆 . 江苏省经济发展、技术进步与农业碳排放

增长关系研究 [J]. 科技管理研究, 2018, 38 (6): 77 – 83.

[44] Wassmann R, Lantin R S, Neue H U et al. Characterization of Methane Emissions from Rice Fields in Asia. III. Mitigation Options and Future Research Needs [J]. Nutrient Cycling in Agroecosystems, 2000, 58 (1 – 3): 23 – 36.

[45] Owusu P A, Asumadu – Sarkodie S. Is There a Causal Effect between Agricultural Production and Carbon Dioxide Emissions in Ghana? [J]. Environmental Engineering Research, 2017, 22 (1): 40 – 54.

[46] Karina Scurupa Machado, Robson Seleme, Marcell M C Maceno et al. Carbon Footprint in the Ethanol Feedstocks Cultivation – Agricultural CO_2 Emission Assessment [J]. Agricultural Systems, 2017, 157: 140 – 145.

[47] Fargione J, Hill J, Tilman D et al. Land Clearing and the Biofuel Carbon Debt [J]. Science, 2008, 319 (5867): 1235 – 1238.

[48] Baumann M, Gasparri I, Piquer – Rodríguez et al. Carbon Emissions from Agricultural Expansion and Intensification in the Chaco [J]. Global Change Biology, 2016 (10): 1 – 15.

[49] Lindvall E, Gustavsson A M, Palmborg C. Establishment of Reed Canary Grass with Perennial Legumes or Barley and Different Fertilization Treatments: Effects on Yield, Botanical Composition and Nitrogen Fixation [J]. Global Change Biology Bioenergy, 2012, 4 (6): 661 – 670.

[50] Yadav D, Wang J. Modelling Carbon Dioxide Emissions from Agricultural Soils in Canada [J]. Environmental Pollution, 2017, 230: 1040 – 1049.

[51] Johnson M F, Franzluebbers A J, Weyers S L et al. Agricultural Opportunities to Mitigate Greenhouse Gas Emissions [J]. Environmental Pollution, 2007, 150 (1): 107 – 124.

[52] 田云, 张俊飚. 中国省级区域农业碳排放公平性研究 [J]. 中国人口·资源与环境, 2013, 23 (11): 36 – 44.

［53］Lalor S T J, Schröder J J, Lantinga E A et al. Nitrogen Fertilizer Replacement Value of Cattle Slurry in Grassland as Affected by Method and Timing of Application ［J］. Journal of Environmental Quality, 2011, 40: 362 - 373.

［54］董红敏, 李玉娥, 陶秀萍, 等. 中国农业源温室气体排放与减排技术对策 ［J］. 农业工程学报, 2008（10）: 269 - 273.

［55］胡向东, 王济民. 中国畜禽温室气体排放量估算 ［J］. 农业工程学报, 2010, 26（10）: 247 - 252.

［56］Pretty J, Brett C, Gee D et al. Policy Challenges and Priorities for Internalizing the Externalities of Modern Agriculture ［J］. Journal of Environmental Planning & Management, 2001, 44（2）: 263 - 283.

［57］Brian C M. Overview of Agricultural and Forestry GHG Offsets on the US Landscape ［J］. Choices, 2004, 19（3）: 13 - 18.

［58］Shortle J S, Abler D G, Horan R D. Research Issues in Nonpoint Pollution Control ［J］. Environmental and Resource Economics, 1998, 11: 571 - 585.

［59］向平安, 周燕, 江巨鳌, 等. 洞庭湖区氮肥外部成本及稻田氮素经济生态最佳投入研究 ［J］. 中国农业科学, 2006（12）: 2531 - 2537.

［60］马晓哲, 王铮, 唐钦能, 朱永彬. 全球实施碳税政策对碳减排及世界经济的影响评估 ［J］. 气候变化研究进展, 2016, 12（3）: 217 - 229.

［61］张建. 论排污权交易制度在中国的实施 ［J］. 中国市场, 2008（52）: 212 - 213.

［62］范定祥, 廖进中. 农业源碳减排的进化博弈分析 ［J］. 统计与决策, 2011（1）: 40 - 42.

［63］何小洲, 汤婉, 彭勇. 低碳农业推广过程中相关利益主体的演化博弈分析 ［J］. 西北农林科技大学学报（社会科学版）, 2016, 16

（1）：59 - 65.

[64] 杨筠桦. 欧洲低碳农业发展政策的实践经验及对中国的启示 [J]. 世界农业, 2018（2）：67 - 72.

[65] 罗吉文, 许蕾. 论低碳农业的产生、内涵与发展对策 [J]. 农业现代化研究, 2010, 31（6）：701 - 703, 728.

[66] 漆雁斌, 陈卫洪. 低碳农业发展影响因素的回归分析 [J]. 农村经济, 2010, 2：19 - 23.

[67] 陈儒, 徐婵娟, 邓悦, 等. 黄土高原退耕区低碳农业生产模式研究 [J]. 西北农林科技大学学报（社会科学版）, 2017, 17（6）：55 - 65.

[68] 田云, 尹忞昊. 技术进步促进了农业能源碳减排吗？——基于回弹效应与空间溢出效应的检验 [J]. 改革, 2021（12）：45 - 58.

[69] 杨果, 陈瑶. 中国农业源碳汇估算及其与农业经济发展的耦合分析 [J]. 中国人口·资源与环境, 2016, 26（12）：171 - 176.

[70] 梁青青. 我国农业碳排放的空间差异实证研究：基于1996—2015年省际面板数据 [J]. 农林经济管理学报, 2018, 17（2）：159 - 168.

[71] 曹志宏, 秦帅, 郝晋珉. 河南省农业生产碳汇的演变趋势及其集聚特征分析 [J]. 中国生态农业学报, 2018, 26（9）：1283 - 1290.

[72] 康霞. 甘肃省农田生态系统碳收支动态 [J]. 中国沙漠, 2018, 38（6）：1237 - 1242.

[73] 许萍萍, 赵言文, 陈颢明, 等. 江苏省农田生态系统碳源/汇、碳足迹动态变化 [J]. 水土保持通报, 2018, 38（5）：238 - 243.

[74] 陈罗烨, 薛领, 雪燕. 中国农业净碳汇时空演化特征分析 [J]. 自然资源学报, 2016, 31（4）：596 - 607.

[75] Lal R. Soil Erosion Impact on Agronomic Productivity and Environment Quality [J]. Critical Reviews in Plant Sciences, 1998, 17（4）：319 - 464.

［76］Stein Norbert. The Role of the Terrestrial Vegetation in the Global Carbon Cycle ［J］. The NATO Advanced Study Institutes Series Book Series（ASIC），1984，96：185 – 202.

［77］夏庆利. 我国农业的"碳汇功能"研究 ［EB/OL］. http：// www. docin. com/p – 56175329. html. Xia Qingli. Research on AgriculturalCarbon Sinks in China ［EB/OL］. http：//www. docin. com/p – 56175329. html.

［78］蒋高明. 耕地变"黑"可捕获巨量温室气体 ［EB/OL］. ht-tp：//www. chinadialogue. net/article/show/single/ch/2786 – Storing – carbon – in – the – fields. ［Jiang Gaoming. Black Farmland Can Capture Massive amount of Greenhouse Gases ［EB/OL］.

［79］邓祥征，韩建智，战金艳，等. 农田碳汇管理策略及其效果评价 ［J］. 安徽农业科学，2009，37（32）：15965 – 15968.

［80］Wang J，Epstein H. Estimating Carbon Source-sink Transition during Secondary Succession in a Virginia Valley ［J］. Springer Science + Business Media B. V. 2012.

［81］张海林，孙国峰，陈继康，陈阜等. 保护性耕作对农田碳效应影响研究进展 ［J］. 中国农业科学，2009，42（12）：4275 – 428.

［82］娄珊宁，陈先江，侯扶江. 草地农业生态系统的碳平衡分析方法 ［J］. 生态学报，2017，37（2）：557 – 565.

［83］胡志华，李大明，徐小林，等. 不同有机培肥模式下双季稻田碳汇效应与收益评估 ［J］. 中国生态农业学报，2017，25（2）：157 – 165.

［84］马涛. 上海农业碳源碳汇现状评估及增加碳汇潜力分析 ［J］. 农业环境与发展，2011，28（5）：38 – 41.

［85］谢淑娟，匡耀求，黄宁生. 中国发展碳汇农业的主要路径与政策建议 ［J］. 中国人口·资源与环境，2010，20（12）：46 – 51.

［86］Marland G，Mccarl B A，Schneider U. Soil Carbon：Policy and

Economics [J]. Climatic Change, 2001, 51 (1): 101 – 117.

[87] Daniel G, Hellwinckel C M, Larson J A. Enhancing Agriculture's Potential to Sequester Carbon: A Framework to Estimate Incentive Levels for Reduced Tillage [J]. Environmental Management, 2004, 33 (1): S229 – S237.

[88] Boehm M, Junkins B, Desjardins R et al. Sink Potential of Canadian Agricultural Soils [J]. Climatic Change, 2004, 65 (3): 297 – 314.

[89] 王正淑, 王继军, 刘佳. 退耕地林草植被碳汇及与农业生态经济系统的关系: 以陕西省县南沟流域为例 [J]. 草地学报, 2016, 24 (2): 263 – 269.

[90] 蒋琳莉, 张露, 张俊飚, 等. 稻农低碳生产行为的影响机理研究: 基于湖北省 102 户稻农的深度访谈 [J]. 中国农村观察, 2018 (4): 86 – 101.

[91] 王新玉. 低碳发展与循环发展、绿色发展的关系研究 [J]. 生态经济, 2014, 30 (9): 39 – 44.

[92] 蔡颖萍, 杜志雄. 家庭农场生产行为的生态自觉性及其影响因素分析: 基于全国家庭农场监测数据的实证检验 [J]. 中国农村经济, 2016 (12): 33 – 45.

[93] Jensen, Bruun B. Knowledge, Action and Pro-environmental Behaviour [J]. Environmental Education Research, 2002, 8 (3): 325 – 334.

[94] Ehrlich P R, Kennedy D. Millennium Assessment of Human Behavior [J]. Science, 2005, 309 (5734): 562 – 563.

[95] 郭利京, 赵瑾. 非正式制度与农户亲环境行为: 以农户秸秆处理行为为例 [J]. 中国人口·资源与环境, 2014, 24 (11): 69 – 75.

[96] 郭利京, 赵瑾. 农户亲环境行为的影响机制及政策干预: 以秸秆处理行为为例 [J]. 农业经济问题, 2014, 35 (12): 78 – 84, 112.

[97] 梁流涛, 曲福田, 冯淑怡. 经济发展与农业面源污染: 分解模型与实证研究 [J]. 长江流域资源与环境, 2013, 22 (10): 1369 –

1374.

［98］Cheng C H，Monroe M C. Connection to Nature：Children's Affective Attitude Toward Nature ［J］. Environment & Behavior，2012，44（1）：31 –49.

［99］郭利京，汤新云. 经济主体亲环境行为边界：非正式制度与市场机制冲突中的选择 ［J］. 软科学，2015，29（10）：44 –47，64.

［100］Kollmuss A，Agyeman J. Mind the Gap：Why Do People Act Environmentally and What are the Barriers to Pro-environmental Behavior? ［J］. Environmental Education Research，2002，8（3）：239 –260.

［101］Reid L，Sutton P，Hunter C. Theorizing the Meso Level：The Household as a Crucible of Pro-environmental Behaviour ［J］. Progress in Human Geography，2010，34（3）：309 –327.

［102］徐志刚，张炯，仇焕广. 声誉诉求对农户亲环境行为的影响研究：以家禽养殖户污染物处理方式选择为例 ［J］. 中国人口·资源与环境，2016，26（10）：44 –52.

［103］Ramus C A，Killmer A B C. Corporate greening Through Prosocial Extrarole Behaviours –A Conceptual Framework for Employee Motivation ［J］. Business Strategy and the Environment，2007，16（8）：554 –570.

［104］赵瑾，郭利京. 非正式制度对农户亲环境行为的影响研究 ［J］. 安徽农业科学，2017，45（4）：234 –238.

［105］Karlsson S I. Agricultural Pesticides in Developing Countries：A Multilevel Governance Challenge ［J］. Environment，2004，46（4）：22 –41.

［106］李海霞，任大廷，冉瑞平. 农牧户的化肥使用行为研究：以四川省为例 ［J］. 四川农业大学学报，2008（3）：297 –300.

［107］肖新成，谢德体. 农牧户对过量施肥危害认知与规避意愿的实证分析：以涪陵榨菜种植为例 ［J］. 西南大学学报（自然科学版），2016，38（7）：138 –148.

［108］胡浩，杨泳冰．要素替代视角下农牧户化肥施用研究：基于全国农村固定观察点农牧户数据［J］．农业技术经济，2015（3）：84 - 91.

［109］Hellin J，Schrader K. The Incentives for Alternative Approaches to Better Use of Straw in Sweden［J］. Ecosystems and Environment，2003（9）：237 - 245.

［110］黄武，黄宏伟，朱文家．农牧户秸秆处理行为的实证分析：以江苏省为例［J］．中国农村观察，2012（4）：37 - 43，69，93.

［111］漆军，朱利群，陈利根，等．苏、浙、皖农牧户秸秆处理行为分析［J］．资源科学，2016，38（6）：1099 - 1108.

［112］苗珊珊，陆迁．农牧户技术采用中的风险防范研究［J］．农村经济，2006（2）：98 - 100.

［113］王阳，漆雁斌．农牧户生产技术效率差异及影响因素分析：基于随机前沿生产函数与1906家农牧户微观数据［J］．四川农业大学学报，2014，32（4）：462 - 468.

［114］石洪景，黄和亮．基于农牧户风险偏好的台湾农业技术采用行为实证研究［J］．福建农林大学学报（哲学社会科学版），2013，16（5）：9 - 14.

［115］韦惠兰，周夏伟．封禁保护区农户对沙化土地治理的认知度及影响因素实证分析：基于甘肃省659个农户调查数据的对比研究［J］．干旱区资源与环境，2017，31（7）：33 - 37.

［116］徐润成，李晓磊，李剑，等．农户低碳生产影响因素荟萃回归分析［J］．世界农业，2020（07）：61 - 69 + 115. DOI：10.13856/j. cn11 - 1097/s. 2020. 07. 008.

［117］Atreya K. Pesticide Use Bnowledge and Practices：A Gender Differences in Nepal［J］. Environmental Research，2007，104（2）：311.

［118］肖望喜，陶建平，张彩霞．农户禀赋、风险可控制感与农户自然风险认知［J］．统计与决策，2020，36（1）：76 - 80.

[119] 朱倩玉，孟全省，郭莹莹，等. 基于农户认知度的数字大棚推广影响因素分析：以陕西关中地区为例 [J]. 经济地理，2016，36 (7)：146-153.

[120] 黄玉祥，韩文霆，周龙，等. 农户节水灌溉技术认知及其影响因素分析 [J]. 农业工程学报，2012，28 (18)：113-120.

[121] 肖娥芳. 农户家庭农场经营风险认知状况及其影响因素研究 [J]. 商业研究，2017 (3)：175-182.

[122] 罗文哲，蒋艳灵，王秀峰，等. 华北地下水超采区农户节水灌溉技术认知分析：以河北省张家口市沽源县为例 [J]. 自然资源学报，2019，34 (11)：2469-2480.

[123] Elijah O A, Adeniyi A. The Effect of Climate on Poultry Productivity in Ilorin Kwara State, Nigeria [J]. International Journal of Poultry Science, 2006, 5 (11)：1061-1068.

[124] 俞振宁，谭永忠，练欸，等. 基于农户认知视角的重金属污染耕地治理式休耕制度可信度研究 [J]. 中国农村经济，2019 (3)：96-110.

[125] 侯博，应瑞瑶. 分散农户农药残留认知的省际比较研究 [J]. 统计与信息论坛，2014，29 (2)：101-106.

[126] 冯忠泽江，李庆江. 农户农产品质量安全认知及影响因素分析 [J]. 农业经济问题，2007 (4)：22-26.

[127] 刘洋，翟雪玲，周孟亮. 农户对农膜回收利用价值的认知与影响因素分析：来自新疆1067户棉农的经验证据 [J]. 干旱区资源与环境，2020，34 (2)：80-87.

[128] 黄婧轩，陈美球，邝佛缘，等. 农户农业生态环境认知的影响因素分析：基于江西省2068户农户的调查 [J]. 生态经济，2019，35 (1)：97-101.

[129] 农金花，梁增芳，肖新成，等. 三峡库区农户过量施肥负效应认知实证分析 [J]. 西南大学学报（自然科学版），2017，39 (5)：

162 – 169.

[130] 石志恒，崔民，张衡. 基于扩展计划行为理论的农户绿色生产意愿研究 [J]. 干旱区资源与环境，2020，34（3）：40 – 48.

[131] 谢贤鑫，陈美球. 农户生态耕种采纳意愿及其异质性分析：基于 TPB 框架的实证研究 [J]. 长江流域资源与环境，2019，28（5）：1185 – 1196.

[132] 吴雪莲，张俊飚，何可. 农户高效农药喷雾技术采纳意愿：影响因素及其差异性分析 [J]. 中国农业大学学报，2016，21（4）：137 – 148.

[133] 殷志扬，程培堽，王艳，等. 计划行为理论视角下农户土地流转意愿分析：基于江苏省 3 市 15 村 303 户的调查数据 [J]. 湖南农业大学学报（社会科学版），2012，13（3）：1 – 7.

[134] 杜斌，康积萍，李松柏. 农户安全生产意愿影响因素分析 [J]. 西北农林科技大学学报（社会科学版），2014，14（3）：71 – 75.

[135] 李世杰，朱雪兰，洪潇伟，等. 农户认知、农药补贴与农户安全农产品生产用药意愿：基于对海南省冬季瓜菜种植农户的问卷调查 [J]. 中国农村观察，2013（5）：55 – 69，97.

[136] 朱丽娟，向会娟. 粮食主产区农户节水灌溉采用意愿分析 [J]. 中国农业资源与区划，2011，32（6）：17 – 21.

[137] 朱启荣. 城郊农户处理农作物秸秆方式的意愿研究：基于济南市调查数据的实证分析 [J]. 农业经济问题，2008（5）：103 – 109.

[138] 刘洋，熊学萍，刘海清，等. 农户绿色防控技术采纳意愿及其影响因素研究：基于湖南省长沙市 348 个农户的调查数据 [J]. 中国农业大学学报，2015，20（4）：263 – 271.

[139] 李后建. 农户对循环农业技术采纳意愿的影响因素实证分析 [J]. 中国农村观察，2012（2）：28 – 36，66.

[140] 张忠明，钱文荣. 不同兼业程度下的农户土地流转意愿研究：基于浙江的调查与实证 [J]. 农业经济问题，2014，35（3）：19 –

24，110.

[141] 黄炎忠，罗小锋，李容容，等. 农户认知、外部环境与绿色农业生产意愿：基于湖北省 632 个农户调研数据 [J]. 长江流域资源与环境，2018，27（3）：680－687.

[142] 喻永红，张巨勇. 农户采用水稻 IPM 技术的意愿及其影响因素：基于湖北省的调查数据 [J]. 中国农村经济，2009（11）：77－86.

[143] 李红梅，傅新红，吴秀敏. 农户安全施用农药的意愿及其影响因素研究：对四川省广汉市 214 户农户的调查与分析 [J]. 农业技术经济，2007（5）：99－104.

[144] Melea Press，Eric J. Arnould，Jeff B. Murray et al. Ideological Challenges to Changing Strategic Orientation in Commodity Agriculture [J]. Journal of Marketing，2014，78：103－119.

[145] 钟晓兰，李江涛，冯艳芬，等. 农户认知视角下广东省农村土地流转意愿与流转行为研究 [J]. 资源科学，2013，35（10）：2082－2093.

[146] 张晖，虞祎，胡浩. 基于农户视角的畜牧业污染处理意愿研究：基于长三角生猪养殖户的调查 [J]. 农村经济，2011（10）：92－94.

[147] 崔新蕾，蔡银莺，张安录. 农户减少化肥农药施用量的生产意愿及影响因素 [J]. 农村经济，2011（11）：97－100.

[148] 朱红根，翁贞林，康兰媛. 农户参与农田水利建设意愿影响因素的理论与实证分析：基于江西省 619 户种粮大户的微观调查数据 [J]. 自然资源学报，2010，25（4）：539－546.

[149] 马骥，蔡晓羽. 农户降低氮肥施用量的意愿及其影响因素分析：以华北平原为例 [J]. 中国农村经济，2007（9）：9－16.

[150] 潘世磊，严立冬，屈志光，等. 绿色农业发展中的农户意愿及其行为影响因素研究：基于浙江丽水市农户调查数据的实证 [J]. 江西财经大学学报，2018（2）：79－89.

［151］陈昌洪. 农户选择低碳农业标准化的意愿及影响因素分析：基于四川省农户的调查 ［J］. 北京理工大学学报（社会科学版），2013，15（3）：21-25.

［152］滕鹏，宋戈，黄善林，等. 农户认知视角下农地流转意愿影响因素研究：以湖北省京山县为例 ［J］. 中国农业资源与区划，2017，38（1）：89-95.

［153］陶群山，胡浩，王其巨. 环境约束条件下农户对农业新技术采纳意愿的影响因素分析 ［J］. 统计与决策，2013（1）：106-110.

［154］张兵，孟德锋，刘文俊，等. 农户参与灌溉管理意愿的影响因素分析：基于苏北地区农户的实证研究 ［J］. 农业经济问题，2009（2）：66-72，111.

［155］傅新红，宋汶庭. 农户生物农药购买意愿及购买行为的影响因素分析：以四川省为例 ［J］. 农业技术经济，2010（6）：120-128.

［156］宾幕容，文孔亮，周发明. 湖区农户畜禽养殖废弃物资源化利用意愿和行为分析：以洞庭湖生态经济区为例 ［J］. 经济地理，2017，37（9）：185-191.

［157］崔悦，赵凯，贺婧. 基于计划行为理论不同类型农户耕地保护意愿和行为分析 ［J］. 河南农业大学学报，2019，53（4）：638-646，652.

［158］洪德和，程久苗，吴九兴，等. 农户宅基地退出意愿与行为转化研究：基于金寨县的实证 ［J］. 中国农业资源与区划，2019，40（6）：140-148.

［159］Gruen T W, Osmonbekov T, Czaplewski A J. Customer-to-Customer Exchange：Its MOA Antecedents and its Impact on Value Creation and Loyalty ［J］. Journal of the Academy of Marketing Science, 2007, 35（4）：537-549.

［160］陈则谦. MOA 模型的形成、发展与核心构念 ［J］. 图书馆学研究，2013（13）：53-57.

[161] 薛嘉欣，刘满芝，赵忠春，等．亲环境行为的概念与形成机制：基于拓展的 MOA 模型 ［J］．心理研究，2019，12（2）：144－153.

[162] Folkeö Lander, John Thøgersen. Understanding of Consumer Behaviour as a Prerequisite for Environmental Protection ［J］. Journal of Consumer Policy, 1995, 18（4）: 345－385.

[163] 王建明．资源节约意识对资源节约行为的影响：中国文化背景下一个交互效应和调节效应模型 ［J］．管理世界，2013（8）：77－90，100.

[164] 李昊，李世平，南灵．农户农业环境保护为何高意愿低行为？：公平性感知视角新解 ［J］．华中农业大学学报（社会科学版），2018（2）：18－27，155.

[165] 姜维军，颜廷武．能力和机会双轮驱动下农户秸秆还田意愿与行为一致性研究：以湖北省为例 ［J］．华中农业大学学报（社会科学版），2020（1）：47－55，163－164.

[166] 郭悦楠，李世平，张娇．从意愿到行为：信息获取对农户亲环境行为的影响 ［J］．生态经济，2018，34（12）：191－196，214.

[167] 檀勤良，邓艳明，张兴平，等．农业秸秆综合利用中农户意愿和行为研究 ［J］．兰州大学学报（社会科学版），2014，42（5）：105－111.

[168] 刘长进，滕玉华，张轶之．农村居民清洁能源应用意愿与行为一致性分析：基于江西省的调查数据 ［J］．湖南农业大学学报（社会科学版），2017，18（6）：13－19.

[169] Thomas, Jakana. Rewarding Bad Behavior: How Governments Respond to Terrorism in Civil War ［J］. American Journal of Political Science, 2014, 58（4）: 804－818.

[170] 郭利京，王少飞．基于调节聚焦理论的生物农药推广有效性研究 ［J］．中国人口·资源与环境，2016，26（4）：126－134.

[171] 陈振，郭杰，欧名豪．农户农地转出意愿与转出行为的差异

分析 [J]. 资源科学, 2018, 40 (10): 2039 - 2047.

[172] 郑沃林, 吴剑辉, 郑荣宝. 经济快速发展地区农户耕地保护的意愿与实施行为差异研究: 以广州市为例 [J]. 湖南师范大学社会科学学报, 2019, 48 (2): 64 - 73.

[173] 万亚胜, 程久苗, 吴九兴, 等. 基于计划行为理论的农户宅基地退出意愿与退出行为差异研究 [J]. 资源科学, 2017, 39 (7): 1281 - 1290.

[174] 李傲群, 李学婷. 基于计划行为理论的农户农业废弃物循环利用意愿与行为研究: 以农作物秸秆循环利用为例 [J]. 干旱区资源与环境, 2019, 33 (12): 33 - 40.

[175] 黄炎忠, 罗小锋, 刘迪, 等. 农户有机肥替代化肥技术采纳的影响因素: 对高意愿低行为的现象解释 [J]. 长江流域资源与环境, 2019, 28 (3): 632 - 641.

[176] 许增巍, 姚顺波, 苗珊珊. 意愿与行为的悖离: 农村生活垃圾集中处理农户支付意愿与支付行为影响因素研究 [J]. 干旱区资源与环境, 2016, 30 (2): 1 - 6.

[177] 余威震, 罗小锋, 李容容, 等. 绿色认知视角下农户绿色技术采纳意愿与行为悖离研究 [J]. 资源科学, 2017, 39 (8): 1573 - 1583.

[178] Clements F E. Research Methods in Ecology [M]. Lincoln Nebraska: University Publishing Company, 1905.

[179] 刘军会, 高吉喜. 北方农牧交错带界线变迁区的土地利用与景观格局变化 [J]. 农业工程学报, 2008, 24 (11): 76 - 82.

[180] Holland M M. SCOPE/MAB Technical Consultations on Landscape Boundaries: Report of a SCOPE/MAB Workshop on Ecotones [J]. Biology International (Special issue), 1988, 17: 47 - 106.

[181] 周立三, 吴传钧. 甘青农牧交错地区农业区划的初步研究 [J]. 地理学报, 1958 (3): 351.

［182］周立三，吴传钧，赵松乔. 甘青农牧交错地区农业区划初步研究［M］. 北京：科学出版社，1958.

［183］李世奎. 中国农业气候区划［J］. 自然资源学报，1987，2（1）：71－83.

［184］王静爱，史培军. 论内蒙古农牧交错地带土地资源利用及区域发展战略［J］. 地域研究与开发，1988，7（1）：24－28.

［185］周广胜. 气候变化对生态脆弱地区农牧业生产力影响机制与模拟［J］. 资源科学，1999，21（5）：48－54.

［186］陈全功，张剑，杨丽娜. 基于 GIS 的中国农牧交错带的计算和模拟［J］. 兰州大学学报（自然科学版），2007，43（5）：24－28.

［187］Liu J H, Gao J X, Lv S H et al. Shifting Farming－Pastoral Ecotone in China under Climate and Land Use Changes［J］. Journal of Arid Environments, 2011, 75（3）：0－308.

［188］Shi W, Liu Y, Shi X. Development of Quantitative Methods for Detecting Climate Contributions to Boundary Shifts in Farming-pastoral Ecotone of Northern China［J］. Journal of Geographical Sciences, 2017, 27（9）：1059－1071.

［189］韩颖，侯向阳. 农牧交错带的变迁、划分及管理机制的探讨［J］. 中国农业资源与区划，2011，32（5）：31－35.

［190］李霞. 基于 GIS 的中国北方农牧交错带时空变化及特征研究［D］. 西北师范大学，2009.

［191］刘清泗. 中国北方农牧交错带全新世环境演变与全球变化［J］. 北京师范大学学报（自然科学版），1994，30（4）：504－510.

［192］史培军，哈斯. 中国北方农牧交错带与非洲萨哈尔地带全新世环境变迁的比较研究［J］. 地学前缘，2002，9（1）：121－128.

［193］武弘麟. 历史上中国北方农牧交错带土地利用演变过程［J］. 水土保持研究，1999，6（4）：110.

［194］任继周. 中国草地农业系统与耕地农业系统的历史嬗替：

《中国农业系统发展史》序言 [J]. 中国农史，2013，1：3-8.

[195] 王金朔，金晓斌，曹雪，等. 清代北方农牧交错带农耕北界的变迁 [J]. 干旱区资源与环境，2015，29（3）：20-25.

[196] 胡云锋，艳燕，于国茂，等.1975—2009 年锡林郭勒盟生态系统宏观格局及其动态变化 [J]. 地理科学，2012，32（9）：1125-1130.

[197] 修长柏，薛河儒，刘秀梅. 内蒙古农牧交错带的农村贫困问题研究 [J]. 农业技术经济，2003（5）：53-56.

[198] 钢花，韩鹏. 以循环经济理念构建内蒙古生态产业体系 [J]. 内蒙古师范大学学报（哲学社会科学版），2010，39（2）：43-47.

[199] 朱利凯，蒙吉军，刘洋，等. 农牧交错区农牧户生计与土地利用：以内蒙古鄂尔多斯市乌审旗为例 [J]. 北京大学学报（自然科学版），2011，47（1）：133-140.

[200] 郝海广，李秀彬，谈明洪，等. 农牧交错区农户作物选择机制研究：以内蒙古太仆寺旗为例 [J]. 自然资源学报，2011，26（7）：1107-1118.

[201] 道日娜. 农牧交错区域农户生计资本与生计策略关系研究：以内蒙古东部四个旗为例 [J]. 中国人口·资源与环境，2014，24（S2）：274-278.

[202] 蔡璐佳，安萍莉，汪芳甜，等. 内蒙古农牧交错带普通农户与种植大户耕地集约度及影响因素研究：以乌兰察布市为例 [J]. 中国农业大学学报，2017，22（1）：172-180.

[203] 杨云，徐艳. 农牧交错区农牧户生计与土地利用问题研究：以内蒙古科尔沁左翼后旗农户调研为例 [J]. 中国农业大学学报，2016，21（12）：114-123.

[204] 白雪红，闫慧敏，黄河清，等. 内蒙古农牧交错区耕地流转实证研究：以太仆寺旗幸福乡和千斤沟镇为例 [J]. 资源科学，2014，36（4）：741-748.

［205］海山．内蒙古农牧交错带可持续发展研究［J］．经济地理，1995（2）：100－104.

［206］刘娟娟，李永化，高夺峰．退耕后农牧交错带农业可持续发展研究：以内蒙古四子王旗为例［J］．国土与自然资源研究，2009（1）：39－42.

［207］徐冬平，李同昇，杨军辉，等．循环经济模式下北方农牧交错地区可持续发展研究：以内蒙古通辽市为例［J］．干旱区资源与环境，2017，31（4）：80－85.

［208］战金艳，邓祥征，岳天祥，等．内蒙古农牧交错带土地利用变化及其环境效应［J］．资源科学，2004（5）：80－88.

［209］焦燕，侯建华，赵江红，等．内蒙古农牧交错带土地利用变化对 CH_4 吸收的影响［J］．中国环境科学，2014，34（6）：1514－1522.

［210］魏雯．基于生态服务价值的农牧交错区土地利用变化对环境影响的评价：以内蒙古太仆寺旗为例［J］．草地学报，2014，22（2）：249－254.

［211］木兰，张璞进，刘亚红，等．内蒙古荒漠草原农牧交错带植被恢复措施对弃耕地草本群落的影响［J］．中国农学通报，2016，32（16）：110－116.

［212］晨光，张凤荣，张佰林．农牧交错区农村居民点土地利用形态演变：以内蒙古自治区阿鲁科尔沁旗为例［J］．地理科学进展，2015，34（10）：1316－1323.

［213］马庆国．管理科学研究方法与研究生学位论文的评判参考标准［J］．管理世界，2004（12）：99－108，145.

［214］BSI. PAS 2060：2010 Specification for the Demonstration of Carbon Neutrality［S］. 2010.

［215］中国农业百科全书总编辑委员会农业经济卷编辑委员会，中国农业百科全书编辑部．中国农业百科全书·农业经济卷［M］．北京：农业出版社，1991.

［216］何蒲明，魏君英．试论农户经营行为对农业可持续发展的影响［J］．农业技术经济，2003（2）：24-27．

［217］修长柏．内蒙古农牧交错带农村发展路径研究：以和林格尔县为例［M］．北京：中国农业出版社，2010．

［218］西奥多·W. 舒尔茨．改造传统农业［M］．北京：商务印书馆，2006．

［219］S. Popkin. The Rational Peasant［M］. California, USA：University of California Press，1979.

［220］F. Ellis. Peasants Economics：Farm Household and Agrarian Development［M］. Cambridge, UK：Cambridge University Press，1988.

［221］陈玉萍，吴海涛．农业技术扩散与农户经济行为［M］．湖北：湖北人民出版社，2010．

［222］路德维希·冯·米塞斯．人的行为［M］．上海：上海社会科学院出版社，2015．

［223］王洪丽．吉林省小农户农产品质量安全控制行为研究［D］．长春：吉林大学，2018．

［224］Rogers R W. A Protection Motivation Theory of Fear Appeals and Attitude Change［J］. The Journal of Psychology，1975，91（1）：93-114.

［225］Rogers R W. Cognitive and Physiological Processes in Fear Appeals and Attitude Change：A Revised Theory of Protection Motivation［M］. New-York：Social Psychophysiology，1983.

［226］Seppo Pahnilaa, Mikko Siponena and Adam Mahmoodb. Employees' Behavior towards IS Security Policy Compliance［J］. Proceedings of the 40th Annual Hawaii International Conference on System Sciences（HICSS'07），2007，2（3-6）：1-10.

［227］Yoon C, Hwang J W, Kim R. Exploring Factors that Influence Students' Behaviors in Information Security［J］. Journal of Information Systems Education，2012，23（4）：407-416.

［228］ Bockarjova M, Steg L. Can Protection Motivation Theory Predict Pro-environmental Behavior? Explaining the Adoption of Electric Vehicles in the Netherlands ［J］. Global Environmental Change, 2014, 28: 276 - 288.

［229］ Keshavarz M, Karami E. Farmers' Pro-environmental Behavior under Drought: Application of Protection Motivation Theory ［J］. Journal of Arid Environments, 2016, 127: 128 - 136.

［230］ Church S P, Dunn M, Babin N et al. Do Advisors Perceive Climate Change as an Agricultural Risk? An In-depth Examination of Midwestern U. S. Ag Advisors' Views on Drought, Climate Change, and Risk Management ［J］. Agriculture & Human Values, 2018, 35: 349 - 365.

［231］ 何可, 张俊飚, 蒋磊. 生物质资源减碳化利用需求及影响机理实证研究: 基于 SEM 模型分析方法和 TAM 理论分析框架 ［J］. 资源科学, 2013, 35 (8): 1635 - 1642.

［232］ 郑继兴, 申晶, 王维, 等. 基于整合型科技接受模型的农户采纳农业新技术行为研究——采纳意愿的中介效应 ［J］. 科技管理研究, 2021, 41 (18): 175 - 181.

［233］ 徐卫涛. 循环农业中的农户行为研究 ［D］. 武汉: 华中农业大学, 2010.

［234］ 马仁杰, 王荣科, 左雪梅. 管理学原理 ［M］. 北京: 人民邮电出版社, 2013.

［235］ 陈瑶. 中国畜牧业碳排放测度及增汇减排路径研究 ［D］. 哈尔滨: 东北林业大学, 2016.

［236］ 丁宝根, 杨树旺, 赵玉, 等. 中国耕地资源利用的碳排放时空特征及脱钩效应研究 ［J］. 中国土地科学, 2019, 33 (12): 45 - 54.

［237］ Weifeng Zhang, Zhengxia Dou, Pan He et al. New Technologies Reduce Greenhouse Gas Emissions from Nitrogenous Fertilizer in China ［J］. Proceedings of the National Academy of Sciences of the United States of America, 2013, 110 (21): 8375 - 8380.

［238］吴义根，冯开文，李谷成．人口增长、结构调整与农业面源污染：基于空间面板 STIRPAT 模型的实证研究［J］．农业技术经济，2017（3）：75－87．

［239］刘琦，赵明正．农业现代化进程中农业要素使用强度变化规律研究：基于全球 29 个主要农业国家的国际经验［J］．农业经济问题，2018（3）：23－32．

［240］虞祎，杨泳冰，胡浩，等．中国化肥减量目标研究：基于满足农产品供给与水资源的双重约束［J］．农业技术经济，2017（2）：102－110．

［241］Zhenling Cui，Hongyan Zhang. Pursuing Sustainable Productivity with Millions of Smallholder Farmers［J］. Nature，2018，555（7696）：363－366．

［242］刘华军，孙淑惠，李超．环境约束下中国化肥利用效率的空间差异及分布动态演进［J］．农业经济问题，2019（8）：65－75．

［243］周静，马友华，杨书运，等．畜牧业温室气体排放影响因素及其减排研究［J］．农业环境与发展，2013，30（4）：78－82．

［244］樊霞，董红敏，韩鲁佳，等．肉牛甲烷排放影响因素的试验研究［J］．农业工程学报，2006（8）：179－183．

［245］娜仁花，董红敏．营养因素对反刍动物甲烷排放影响的研究现状［J］．安徽农业科学，2009，37（6）：2534－2536，2735．

［246］覃春富，张佩华，张继红，等．畜牧业温室气体排放机制及其减排研究进展［J］．中国畜牧兽医，2011，38（11）：209－214．

［247］王悦，董红敏，朱志平．畜禽废弃物管理过程中碳氮气体排放及控制技术研究进展［J］．中国农业科技导报，2013，15（5）：143－149．

［248］朱海生，董红敏，左福元，等．覆盖及堆积高度对肉牛粪便温室气体排放的影响［J］．农业工程学报，2014，30（24）：225－231．

［249］朱海生，左福元，董红敏，等．覆盖材料和厚度对堆存牛粪

氨气和温室气体排放的影响 [J]. 农业工程学报，2015，31（6）：223 –
229.

[250] 王维钰. 秸秆周年投入与施肥对小麦—玉米轮作温室气体排
放效应及农田生产力的影响 [D]. 咸阳：西北农林科技大学，2019.

[251] Zhang X B，Sun N，Wu L H et al. Effects of Enhancing Soil Or-
ganic Carbon Sequestration in the Topsoil by Fertilization on Crop Productivity
and Stability：Evidence from Long-term Experiments with Wheat-maize Crop-
ping Systems in China [J]. Science of the Total Environment. 2016，562：
247 – 259.

[252] Hamer U，Marschner B. Priming Effects of Sugars，Amino Acids，
Organic Acids and Catechol on the Mineralization of Lignin and Peat [J].
Journal of Plant Nutrition and Soil Science，2002，165（3）：261 – 268.

[253] Guenet B，Neill C，Bardoux G et al. Is There a Linear Relation-
ship between Priming Effect Intensity and the Amount of Organic Matter Input?
[J]. Applied Soil Ecology，2010，46（3）：436 – 442.

[254] Heimlich J E，Ardoin N M. Understanding Behavior to Understand
Behavior Change：A Literature Review [J]. Environmental Education Re-
search，2008，14（3）：215 – 237.

[255] Burton R J F. The Influence of Farmer Demographic Characteristics
on Environmental Behaviour：A Review [J]. Journal of Environmental Man-
agement，2014，135：19 – 26.

[256] Lalani B，Dorward P，Holloway G et al. Smallholder Farmers'
Motivations for Using Conservation Agriculture and the Roles of Yield，Labour
and Soil Fertility in Decision Making [J]. Agricultural Systems，2016，146：
80 – 90.

[257] Läpple D，Kelley H. Understanding the Uptake of Organic Farm-
ing：Accounting for Heterogeneities among Irish Farmers [J]. Ecological Eco-
nomics，2013，88：11 – 19.

［258］Deci E L，Eghrari H，Patrick B C et al. Facilitating Internalization：The Self – Determination Theory Perspective ［J］. Journal of Personality，1994，62（1）：119 – 142.

［259］Everett M. Rogers. Diffusion of Innovations ［M］. New York，The Free Press，2003.

［260］李昊. 内部动机视角下蔬菜种植户环境保护行为研究 ［D］. 咸阳：西北农林科技大学，2018.

［261］Conner M，Armitage C J. Extending the Theory of Planned Behavior：A Review and Avenues for Further Research ［J］. Journal of Applied Social Psychology，1998，28（15）：1429 – 1464.

［262］Pavlou P A，Fygenson M. Understanding and Predicting Electronic Commerce Adoption：An Extension of the Theory of Planned Behavior ［J］. Mis Quarterly，2006，30（1）：115 – 143.

［263］俞振宁，谭永忠，练款，等. 基于计划行为理论分析农户参与重金属污染耕地休耕治理行为 ［J］. 农业工程学报，2018，34（24）：266 – 273.

［264］曲衍波，姜广辉，张凤荣，等. 基于农户意愿的农村居民点整治模式 ［J］. 农业工程学报，2012，28（23）：232 – 242.

［265］程琳，郑军. 菜农质量安全行为实施意愿及其影响因素分析：基于计划行为理论和山东省 497 份农户调查数据 ［J］. 湖南农业大学学报（社会科学版），2014，15（4）：13 – 20.

［266］温忠麟，侯杰泰，张雷. 调节效应与中介效应的比较和应用 ［J］. 心理学报，2005（2）：268 – 274.

［267］朱哲毅，应瑞瑶，周力. 畜禽养殖末端污染治理政策对养殖户清洁生产行为的影响研究——基于环境库兹涅茨曲线视角的选择性试验 ［J］. 华中农业大学学报（社会科学版），2016（5）：55 – 62，145.

［268］Surendrakumar Bagde，Dennis Epple，Lowell Taylor. Does Affirmative Action Work？Caste，Gender，College Quality，and Academic Success in India [J]. The American Economic Review, 2016, 106 (6): 1495 – 1521.

[269] 龚继红, 何存毅, 曾凡益. 农民绿色生产行为的实现机制: 基于农民绿色生产意识与行为差异的视角 [J]. 华中农业大学学报 (社会科学版), 2019 (1): 68 – 76, 165 – 166.

[270] 王火根, 黄弋华, 包浩华, 等. 基于 Logit – ISM 模型的农户生物质能利用意愿影响因素分析 [J]. 干旱区资源与环境, 2018, 32 (10): 39 – 44.

[271] 葛继红, 徐慧君, 杨森, 等. 基于 Logit – ISM 模型的污染企业周边农户环保支付意愿发生机制分析——以苏皖两省为例 [J]. 中国农村观察, 2017 (2): 93 – 106.

[272] 孙世民, 张媛媛, 张健如. 基于 Logit – ISM 模型的养猪场 (户) 良好质量安全行为实施意愿影响因素的实证分析 [J]. 中国农村经济, 2012 (10): 24 – 36.

[273] Dillon J L, Scandizzo P L. Risk attitudes of subsistence farmers in Northeast Brazil: A sampling approach [J]. American Journal of Agricultural Economics, 1978, 60 (3): 425 – 435.

[274] Gao Y, Zhang X, Lu J et al. Adoption Behavior of Green Control Techniques by Family Farms in China: Evidence from 676 Family Farms in Huang – Huai – Hai Plain [J]. Crop Protection, 2017, 99 (9): 76 – 84.

[275] 陈茜, 段伟. 农户风险偏好对林业投入决策的影响研究: 以广东省集体林区为例 [J]. 财经理论与实践, 2019, 40 (5): 55 – 61.

[276] Kuznar L A. Risk sensitivity and value among Andean pastoralists: Measures, models, and empirical tests [J]. Current Anthropology, 2001, 42 (3): 432 – 440.

[277] Maertens A, Chari A V, David J R. Why farmers sometimes love risks? Evidence from India [J]. Economic Development and Cultural Change, 2014, 62 (2): 239 – 274.

[278] 高杨，牛子恒. 风险厌恶、信息获取能力与农户绿色防控技术采纳行为分析 [J]. 中国农村经济，2019 (8)：109-127.

[279] 储成兵. 农户病虫害综合防治技术的采纳决策和采纳密度研究：基于 Double - Hurdle 模型的实证分析 [J]. 农业技术经济，2015 (9)：117-127.

[280] 郭建鑫，赵清华，赵继春. 农民互联网应用采纳决策及应用强度影响因素研究：基于北京郊区 712 名农民的调查数据 [J]. 华中农业大学学报（社会科学版），2017 (5)：56-62，146.

[281] Just R E, Pope R D. Stochastic Specification of Production Functions and Economic Implications [J]. Journal of Econometrics, 1978, 7 (1)：67-867.

[282] Knight J, Weir S, Woldehanna T. The Role of Education in Facilitating Risk-taking and Innovation in Agriculture [J]. The Journal of Development Studies, 2003, 39 (6)：1-228.

[283] Cardenas J C, Carpenter J P. Three Themes on Field Experiments and Economic Development [J]. Research in Experimental Economics, 2005, 10：71-123.

[284] 乔立娟，王健，李兴. 农户农药使用风险认知与规避意愿影响因素分析 [J]. 贵州农业科学，2014，42 (03)：237-241.

[285] 侯麟科，仇焕广，白军飞，等. 农户风险偏好对农业生产要素投入的影响：以农户玉米品种选择为例 [J]. 农业技术经济，2014 (5)：21-29.

[286] 陈超，王莹，翟乾乾. 风险偏好、风险感知与桃农化肥农药施用行为 [J]. 农林经济管理学报，2019，18 (4)：472-480.

[287] 朱臻，沈月琴，白江迪. 南方集体林区林农的风险态度与碳汇供给决策：一个来自浙江的风险偏好实验 [J]. 中国软科学，2015 (7)：148-157.

[288] 赵佳佳，刘天军，魏娟. 风险态度影响苹果安全生产行为

吗：基于苹果主产区的农户实验数据［J］. 农业技术经济，2017（4）：95－105.

［289］Weber E U，Blais A R，Betz N E. A Domain-specific Risk-attitu-descale：Measuring Risk Perceptions and Risk Behaviors［J］. Journal of Behavioral Decision Making，2002，15（4）：263－290.

［290］Keinan R，Bereby-meyer Y. "Leaving It to Chance" —Passive Risktaking in Everyday Life［J］. Judgment and Decision Making，2012，7（6）：705－715.

［291］He P，M Veronesi and S. Engel. Consistency of Risk Preference Measures and the Role of Ambiguity：An Artefactual Field Experiment from China［J］. The Journal of Development Studies，2018，54（11）：1955－1973.

［292］文长存，孙玉竹，吴敬学. 农户禀赋、风险偏好对农户西瓜生产决策行为影响的实证分析［J］. 北方园艺，2017（2）：196－201.

［293］Dave C，C C Eckel C A Johnson and C. Rojas. Eliciting Risk Preferences：When is Simple Better［J］. Journal of Risk and Uncertainty，2010，41（3）：219－243.

［294］Marco Lauriola，Irwin P Levin，Stephanie S Hart. Common and Distinct Factors in Decision Making under Ambiguity and Risk：A Psychometric Study of Individual Differences［J］. Organizational Behavior and Human Decision Processes，2007，104（2）.

［295］Gary Charness，Uri Gneezy，Alex Imas. Experimental Methods：Eliciting Risk Preferences［J］. Journal of Economic Behavior and Organization，2013，87.

［296］Liu E，Huang J. Risk Preferences and Pesticide Use by Cotton Farmers in China［J］. Journal of Development Economics，2013，103（2013）：202－215.

［297］毛慧，周力，应瑞瑶. 风险偏好与农户技术采纳行为分析：基于契约农业视角再考察［J］. 中国农村经济，2018（4）：74－89.